「知らなかった」では済まされない

# ホントは怖い
# 相続の話

日本一
わかりやすい

木下勇人 相続専門税理士
Kinoshita Hayato

ぱる出版

# はじめに

　はじめまして、税理士の木下勇人です。

　私は相続専門の税理士として、相続税対策はもちろん、相続に関わるあらゆる手続きをワンストップでお引き受けしている専門家です。

　名古屋で8年、東京に進出してから2年、のべ3,000件以上の遺産相続に関わってきました。

　この本を手に取ってくださったあなたは、もちろん、相続に関心がおありだと思います。

　もしかしたら「相続対策をなんとかしなきゃ」とか思う気持ちが半分。もう半分は「うちは相続でモメたりしないだろう」なんて、思い込んでいるんじゃないでしょうか？

　相続でモメるか、モメないか。人の一生を左右しかねない大事件です。

　そして、残念ながら、驚くほど多くの人が相続でモメています。

　「ウチはきょうだいの仲が良いからモメない」

　いえいえ。きょうだいの仲が良くてもモメるときはモメます。

　小さい頃はあんなに仲良しだったのに、相続がこじれたせいで、血を分けた兄弟姉妹が絶縁状態になった例は数え切れないほどあります。

「相続でモメるなんて、お金持ちの話でしょ？」

そんなことはありません。お金はあってもなくてもモメるときはモメます。

実は、**相続でモメるのは、お金持ちではなく、むしろ財産はそれほど多くないケースのほうが多い**のです。少ないからこそ取り合って骨肉の争いが起きやすい、とも言えます。

また「財産といっても借金しかないから、相続放棄でチャラでしょ？」なんていう場合も、やり方を一歩間違えると、とんでもないことになります。

## 「相続税対策＝相続対策」ではありません

なかには「相続税の節税」のノウハウが知りたくて、この本を開いた方もいらっしゃるでしょう。

しかし、相続税対策をしていても、押さえるべきポイントを押さえていなければ、モメます。目先の相続税の節税だけにとらわれ、失敗した例は実はかなり多いのです。

**税理士の立場でこんなことを言うのはおかしいかもしれませんが、世の中にある相続の情報は「相続税の節税」に偏りすぎています。**

「節税よりももっと大切なもの」を見失ってはならないのに。

逆に「うちは相続税がかからないから」と相続に対して無策だったために、残された家族が大変な苦労をした例も数えきれません。

**相続税がかかっても、かからなくても、残された家族がモメない、苦労しない相続のほうがいいのはいうまでもありません。**

相続税だけに偏らない、相続対策が必要なのです。残された家族
のためにも。

## 相続は、誰にでも突然に訪れます

　私が相続専門の税理士になったのは、父の死がキッカケでした。
　私の両親は愛知県で精肉店を経営していました。
　しかし、私が大学１年生とき、父が突然この世を去りました。
　早朝に「くも膜下出血」で倒れて病院に運ばれ、その日の夕方に
はもう帰らぬ人に。まだ45歳という若さでした。

　悲しみに暮れる時間もなく、わが家の相続がはじまりました。相
続なんてまったく考えていなかった40代の母、20歳の兄、19歳の
私の三人は、期限に追われながら、役所や銀行を走り回りました。
　誰に何を聞いたらいいのか分からない、あの頃の不安と戸惑いは
いつまでも忘れることはできません。

　住んでいた家の住宅ローンは、ローンを組むと同時に加入してい
た団信（団体信用生命保険）で完済できたのですが、店の借金は残
りました。
　こんな時のために父は生命保険を掛けていたはず……と調べてみ
ると、父は亡くなるたった数カ月前に、店の資金繰りのために生命
保険を解約していたことがわかりました。数千万円おりるはずだっ
た生命保険が、たった数百万円の解約金になっていました。
　父自身もわずか45歳の若さで自分が死ぬとは思っていなかった
のでしょう。

でも、生命保険だけは解約しないでいてほしかった。あのお金があれば店の借金は返せただろうし、その後に母と兄が店の建て直しで何年も苦労をすることもなかったのに。

　もしも、相続の手続きを教えてくれる人がいたら、あの頃の母と兄と私はどんなに助かったことか。
　もしも、父に生命保険の大切さを教えてくれる人がいたら、残された家族はどんなに助かったことか。

　あの頃の自分たちのような人の力になりたい。
　そんな思いが相続専門の税理士としての私の原点です。

　せっかくこの本を手にとってくださったあなたでも、相続はまだ先のことと思っているかもしれません。でも、**いざ誰かが亡くなってからスタートしたのでは遅い**のです。
　縁起の悪い話ですが、人間いつかは必ず死にます。そしてそれがいつになるのかは、誰にも分かりません。
　誰かが死ねば、その人の財産が残る。それをどう受け継ぎ、誰にどう分配しましょうか、というシーンは誰にでも訪れます。
　**どんな人にとっても相続は他人事ではなく、誰もがその当事者な**のです。

　私自身もたった19歳である日突然「相続人」になりました。
　悔いのない人生を生きるために、残されるご家族のために、いまこの瞬間から、本当に有効な相続対策をスタートしましょう。
　この本がその助けになれば幸いです。

# Contents

Chapter 2

# ハウツー本には書いてない、相続税対策の裏話

# それって思い込みかも!?
# 相続の常識 ウソ・ホント

# あらためて聞きたい！
# 相続のソボクな疑問

Chapter 4

Chapter 5

# 税理士の僕がやろうと思っている相続の形

私の相続人／保険を使って子供達にお金を渡す／もし再婚したら／人はいきなり亡くなるものだから／相続税は、払えばいい

# 「もしも」で考える
# あなたの相続

# もしも、あなたが 突然相続人になったら?

相続は決して他人事ではありません。

両親が亡くなったら相続をする側となり、自分自身が死んでしまったら相続をさせる側になります。

「はじめに」で書いたように、私の父は45歳という若さで突然亡くなり、私は19歳で相続を経験することになりました。

こういった突然の相続は誰にでも訪れる可能性があります。

もしも、あなたが突然相続人になったらどうしますか?

相続は人生でそう何度も経験することではありません。

だから「相続は難しい」と感じてしまうのです。

この章では「もしもこうだったら、相続はこうなる」という例を挙げながら、相続について、知っておきたい基本的な知識をお伝えします。

「自分の場合はどうだろう」と考えながらお読みください。

(状況や行動パターンなどは実在の人物にヒントを得ていますが、本書に登場する人物は私の身内以外すべて架空の存在です。)

## 相続のスケジュール

| 生前 | ・遺言書の作成<br>・生前贈与 |
|---|---|
| 死亡 | |
| 死亡後、速やかに | ・死亡診断書の取得 |
| 7日以内 | ・死亡届の提出<br>・死体埋葬火葬許可証の取得 |
| 10日以内 | ・年金受給権者死亡届の提出 |
| 14日以内 | ・国民健康保険証の返却<br>・年金受給停止の手続き<br>・介護保険の資格喪失届<br>・住民票の抹消届<br>・世帯主の変更届 |
| なるべく早く | ・遺言書の調査<br>・戸籍謄本の取得（相続人の確定）<br>・住民票の取得<br>・印鑑証明の取得<br>・故人の財産調査<br>・遺産分割協議の開始 |
| 3ヶ月以内 | ・相続放棄または限定承認<br>・相続の承認又は放棄の期間の伸長 |
| 4ヶ月以内 | ・故人の所得税の確定申告（準確定申告） |
| 速やかに | ・遺産分割協議書の作成<br>・不動産の名義変更登記 |
| 10ヶ月以内 | ・相続税の申告<br>・相続税の納付<br>・（相続税延納申請、相続税物納申請） |
| 1年以内 | ・遺留分侵害額請求 |
| 2年以内 | ・葬祭費の請求<br>・埋葬料の請求<br>・高額医療費の請求 |
| 3年以内 | ・生命保険金の請求 |
| 5年以内 | ・遺族年金の受給申請 |
| 5年10ヶ月以内 | ・相続税の税務調査（可能性） |

## ? 知っておきたい 相続の基礎知識

## 相続とは？

　相続とは、ある人が亡くなったとき、その人が生前に所有していた財産を次世代が受け継ぐことを言います。

　財産を受け継ぐ人を「相続人」、相続させる人（つまり亡くなった人）を「被相続人」といいます。

## 相続財産の種類（何が財産になるのか？）

　相続財産には次のようなものがあります。

### 金融資産

　現金、預貯金、小切手、株式、投資信託、国債、売掛金、貸付金など

### 不動産

　土地、建物など

### その他の資産

　貴金属、骨董品、絵画、ゴルフ会員権、特許権・著作権等の権利、車など

### 債務（マイナスの財産）

　借入金、保証金など

### みなし相続財産

被相続人（亡くなった人）固有の財産とは言えないが、被相続人が亡くなったことで、相続人のものになった財産のことを「みなし相続財産」と呼び、相続税を計算する際には、相続財産として扱います。

代表的なものとして、死亡保険金や死亡退職金があります。

## 相続できるのは誰？（誰が相続するのか？）

財産を受け取れるのは、民法で定めた「法定相続人」です。

遺言がある場合には、遺言で指定された人「受遺者」も相続で財産を受け取れます。

## 財産を分ける方法（どれくらいの割合で相続するのか？）

相続には、おもに以下の方法があります。

### 遺言による相続

被相続人の「遺言書」に従って相続します。

### 遺産分割協議による相続

相続人全員で話し合って、どうやって分けるかを決めます。法定相続分（民法で定められた割合）で分けても、法定相続分以外で分けても構いません。

遺言書がある場合は、原則として、遺言書に従って相続します。

遺言書がない場合は、遺産分割協議による相続になります。

## 相続する方法（どこまでの範囲を相続するのか？）

　相続は預金などのプラスの財産を受け継ぐだけでなく、借入金などのマイナスの財産（負債）も譲り受けることになります。そこで、どこまでの範囲を相続するのかを相続人が選ぶことができます。

　相続する方法には3つのパターンがあります。

### 単純承認

　プラスの財産もマイナスの財産（債務）も、すべて相続することをいいます。借入金なども、相続人が支払わなければなりません。また、**連帯保証人などの地位も引き継ぎます。**

### 限定承認

　相続によってもらったプラスの財産を限度として、マイナスの財産（負債）を相続することをいいます。限定承認には**相続人全員の合意が必要**です。

　自己のために相続の開始があったことを知ったときから3ヶ月以内に、家庭裁判所に「限定承認申述書」「財産目録」などを提出して手続きをします。

### 相続放棄

　プラスの財産もマイナスの財産も、どちらも相続しないことをいいます。相続放棄は限定承認とは異なり、他の相続人と相談することなく行えます。

　ただし、同順位全員（例えば子供全員）が放棄すると、直系尊属（父母）が相続人となり、直系尊属（父母）がすでに他界又は相続放棄すると、兄弟姉妹が相続人となってしまいます。そのため、借金のほうが多く、借金から免れたい場合には、配偶者を含め子供、

父母、兄弟姉妹が順次に相続放棄するか、全員が同時に相続放棄する必要があります。

　自己のために相続の開始があったことを知ったときから3ヶ月以内に家庭裁判所に「相続放棄申述書」などを提出して手続きをします。

## 相続の手続きには「締め切り」がある

　相続に関するさまざまな手続きには期限が設けられています。

　例えば相続税の申告手続きを忘れると、無申告加算税（申告書を提出しないことについての罰金）や、延滞税（税金を期限までに納めない場合にかかる利息のような罰金）など、余分なお金がかかることもあります。

　うっかり手続きを忘れてしまうことがないように13ページの表やチェックリストを活用してください。

ちょっとブレイク

### “自己のために相続の開始があったことを知ったとき”って、いつ？

　限定承認や相続放棄は3ヶ月以内に行うのですが、その起算日を“自己のために相続の開始があったことを知ったとき”といいます。

　「えっ!? 亡くなった日じゃないの？」と思われるかもしれませんね。

　多くの場合は、亡くなった日になるのですが、それだけではないのです。相続人には優先順位があります（21ページ「相続人の範囲と優先順位」参照）。

　先の優先順位の人が相続放棄を行うと、相続放棄がなかったときには相続人ではなかった人が相続人になります。

　例えば、故人の妻とその子供全員が相続放棄をすると、第2順位である父母が相続人になります。嫁と孫が夫の両親と仲が悪かったりすると、その事実を知らないことも考えられますよね。この場合、両親の「相続の開始があったことを知った日＝妻と子供全員が相続放棄をしたことを知った日」となり、必ずしも亡くなった日と同じ日ではないのです。

# 2

# もしも、あなたが 独身のまま 亡くなってしまったら？

**Case**

　山田貴男さん（66）は結婚をせず、気ままな生活を楽しんでいます。それなりの貯えもあり、老後も生活に不自由はないのですが、最近ふと「自分が死んだら財産はどこに行くのか」と考えることがあります。

　もしあなたが独身のまま、遺言を書かずに亡くなってしまったら、あなたの財産（遺産）は誰が引き継ぐのでしょうか？　それはどんな身内がいるかで変わってきます。

## ○両親が生きている場合

　あなたが亡くなったときに親が生きていれば、相続人は兄弟姉妹ではなく、親となります。兄弟姉妹より親のほうが優先です。遺産はあなたの両親のものになります。

　独身の子供が亡くなれば、遺産は

その両親が引き継ぐことになるのです。両親がいくら年をとっていても、たとえ100歳でも120歳でも、両親が引き継ぐことになります。

お父さん、お母さんの両方が生きている場合は1/2ずつ。両親のうちどちらかしかいない場合は、生きている親が100％引き継ぎます。

## ○両親が亡くなっている場合

### すでに親がいなくて、兄弟姉妹がいる場合

・兄弟姉妹一人の場合……100％その人が引き継ぎます。

・兄弟姉妹が複数いる場合……兄弟姉妹全員に権利があります。年齢の上下や性別に関係なく、均等に分けます。

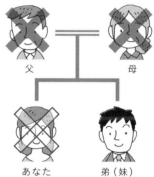

・兄弟姉妹がいない場合……もしあなたが独身、子供なし、両親なし、兄弟姉妹なしという場合は、相続人がいません。

　あなたの残した財産（遺産）は、特別縁故者がいなければ国庫に納められます。

## ？ 知っておきたい 相続の基礎知識

## 相続人の範囲と優先順位

　人が亡くなったとき、誰が相続人になるのか、その範囲と優先順位は民法で定められています。

### 相続の順位

①
- **配偶者**……夫や妻（内縁は除く）は、お互いが常に相続人になります。
- **子供**……子供が複数いる場合は、それぞれ平等に権利を持ちます。養子、胎児、非嫡出子（結婚していない男女の間に生まれた子）も「子供」に含みます。子供がすでに亡くなっている場合は、その子供が代襲相続人※になります。

②**両親**……子供や、子供の代襲相続人がいない場合は、両親が相続人になります。

③**兄弟姉妹**……結婚をせず、子供がなく、両親も亡くなっている場合に、相続人になります。兄弟姉妹がすでに亡くなっている場合は、その子供が代襲相続人になります。

---

**※代襲相続人とは**
本来相続人となるはずの人がすでに死亡している場合に、代わって相続する人のことをいう。本来の相続人の子や孫。
（ただし、兄弟姉妹の孫は代襲相続人にはなれない。）

## 相続人の範囲と優先順位

第2順位 父 ── 母
尊属※

第3順位 兄弟姉妹

本人 被相続人

常に相続人 配偶者

卑属※

子

子（死亡）

孫

第1順位

「子」が死亡している場合などは「代襲相続人」となる

---

**※尊属とは**

自分よりも先の世代に属する直系および傍系の血族のこと。例えば、父母・祖父母などを直系尊属、おじ・おばなどを傍系尊属という。

**※卑属とは**

自分より後の世代に属する直系および傍系の血族のこと。例えば、子・孫などを直系卑属、おい・めいなどを傍系卑属という。
（兄弟姉妹やいとこなど、本人と同世代の場合は、尊属でも卑属でもない。また、配偶者はいずれにも属さず、姻族についてもこの区分はない。）

## 法定相続分

　法定相続分とは、相続人間の公平を図る理念のもと、民法で定められた割合のことをいいます。

　必ずしも、法定相続分にそって分けなければならないというルールはありません。遺言や遺産分割協議で決めた内容が優先されます。

　親、子供、兄弟姉妹が複数のときは、それぞれ均等になります。ただし、半血兄弟姉妹（いわゆる腹違いの兄弟姉妹）は均等ではなく半分になります。

### 法定相続分の割合

法定相続人が配偶者のみ……全部
配偶者＋子供………………配偶者1/2、子供1/2
配偶者＋親…………………配偶者3/2、親1/3
配偶者＋兄弟姉妹…………配偶者3/4、兄弟姉妹1/4
子供のみ……………………全部
親のみ………………………全部
兄弟姉妹のみ………………全部

こんな**Case**は？

### 妻子のいるあなたが亡くなったら？

　すでに両親は他界して、妻と子供ふたり、そんなあなたが亡くなったとき、法定相続分は妻が半分、子供たちが1/4ずつとなります。

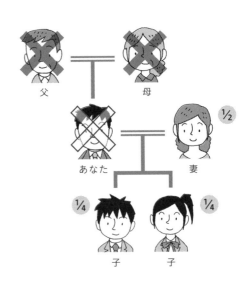

## 子供のいない一人息子のあなたが亡くなったら？

　すでに両親は他界して、子供がいない場合、あなたの財産（遺産）は妻が100％受け継ぎます。

　両親がまだ生きている場合の法定相続分は妻が2/3、あなたのお父さんとお母さんが1/6ずつとなります。

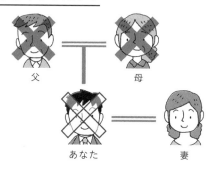

父　　　母

あなた　　　妻

## すでに夫を見送った妻が亡くなったら？

　夫がすでに亡くなっている場合で、その後、妻が亡くなったときの法定相続分は、1/3ずつとなります。

夫　　　あなた

子　　子　　子
$\frac{1}{3}$　$\frac{1}{3}$　$\frac{1}{3}$

# もしも、あなたの孫に相続させたいときは？

**Case**

　吉岡さん（78）は、自分の財産は、浪費癖のある一人息子（49）ではなく、将来有望な孫（23）に継いで欲しいと考えています。

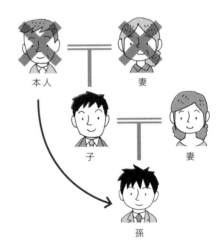

　子供はまだ生きているが、孫に少しでも多く相続させたいという場合、養子縁組する、という方法もありますが、やはり遺言を残すのが一番有効です。

　しかし、子供が遺留分を請求してくる可能性もあるので、遺留分に配慮した遺言を作成することをおすすめします。

　もしも浪費癖のある一人息子が、あなたより先に亡くなっていて、孫以外に法定相続人がいない場合は、相続財産の全額を孫が相続することになります（孫が代襲相続人となるため）。

## 遺留分

遺留分とは、兄弟姉妹以外の法定相続人にだけ認められた、民法で保障されている一定割合の相続の取り分です。

### 遺留分の割合

遺留分は、法定相続分に1/2または1/3を掛けた割合になります。

### 法定相続分×1/2のケース （ほとんどがこちら）

・配偶者のみ
・子（またはその代襲相続人）のみ
・配偶者と子（またはその代襲相続人）
・配偶者と直系尊属（父母または祖父母）

### 法定相続分×1/3のケース

・相続人が直系尊属（父母または祖父母）のみ

遺言などによって、自分の取り分が遺留分よりも少なくなってしまった場合に、遺留分を請求できます（遺留分侵害額請求）。

遺留分侵害額請求は、兄弟姉妹以外の法定相続人にだけ認められている権利ですが、必ず使わなければならないものではありません。

「自分の取り分は遺留分より少なくてもいい」という場合は遺留分侵害額請求をする必要はなく、遺言の内容に沿った相続をすることになります。

## もしも、離婚した前妻との間に子供がいたら?

佐々木さん(58)は20年前に前妻と離婚しました。一人娘は前妻が引き取り、今は交流がありません。

最近、新たな出会いがあり「再婚も悪くはないな」と考え始めました。再婚した場合に自分の遺産がどうなるか、気がかりです。

### ○再婚しない場合

前妻との子供も子供としての相続権を持つので、再婚しない場合は、子供が全部の財産(遺産)を受け継ぐことになります。

### ○再婚した場合

再婚した場合、新しい配偶者ももちろん相続権を持ちます。そして前妻との子供も、子供としての相続権を失うことはありません。よって法定相続分は配偶者1/2、子供1/2となります。

新しい配偶者との間に子供ができたときの法定相続分は、新しい妻1/2・前妻との子1/4・新しい妻との子1/4となります。

遺言を書いていれば、新しい家族だけに財産(遺産)を残すということもできますが、前妻との間の子供が遺留分(法定相続分×

1/2 ＝ 1/8）を請求してくる可能性もあります。

　また、前妻が再婚し、前妻との間の子が、新しい父親と養子縁組をしている場合、その子は実の父と養父と両方の相続権を持つことになります。

# 5

# もしも、あなたにも
# 再婚した相手にも
# 連れ子がいたら?

**Case**

山田さん（42）は前妻との間の息子（6）と暮らしていましたが、職場の友人の紹介で、息子（4）を女手ひとつで育てるシングルマザーの弓恵さん（36）と知り合い、再婚することになりました。

幸いなことに新しい結婚生活は順調で、子供たちも本当の兄弟のように仲良く遊んでいます。山田さんは「もし自分に何かあったら弓恵さんの息子にも財産を継がせたい」と考えるようになりました。

## ○あなた……再婚、連れ子あり
## 配偶者……再婚、連れ子あり、という場合

配偶者の連れ子は、あなたとは血縁ではないため、あなたの財産の相続権はありません。

実の子供と同じように財産を残してあげたいときは、「養子縁組」をすればその子にも実子と同じ権利が発生します。

## ? 知っておきたい 相続の基礎知識

## 養子縁組

血の繋がりがない相手と法律上の親子関係を発生させる行為をい

います。養子縁組には「普通養子縁組」と「特別養子縁組」があり
ますが、ここでは一般的な「普通養子縁組」を前提に話を進めます。

　養子縁組の条件は、養子となる人が養親より年下であることです。
そのほかには性別や立場などの制約はありません。

　養子縁組をすれば、養親との間に法律上の親子関係が成立するた
め、財産を相続する権利も実子と同じく発生します。また、普通養
子縁組は、実親との親子関係も継続するため、養子縁組によって養
子となった人は、2組の親（実親・養親）を持つことになります。

　連れ子が幼かったりして「自分の子供のように育てたい」と養子
縁組をすることもありますが、自分の孫を養子とする「相続税対策」
としての養子縁組も多くみられます。

　相続税は基礎控除額3,000万円＋（600万円×法定相続人の数）
が控除されるため、相続人の数が多い方が、節税効果があるという
わけです（詳しくは57ページ参照）。

　ここで覚えておきたいのは、万が一離婚してしまった場合でも、
妻の連れ子との養子縁組自体は継続するということ。養子縁組は子
供と親の契約なので、夫婦の離婚とは関係がないのです。

　妻の連れ子を養子にした後に妻と別れた、というケースで、養子
にした子に財産（遺産）を残したくない場合は、養子縁組を解消（養
子離縁）する手続きを行う必要があります。

　養子縁組を解消する養子離縁手続きには、協議、調停、裁判があ
り、離婚と同じように非常に面倒になっています。

# もしも、あなたが
# マンションに愛人を
# 住まわせていたら？

**Case**

　妻子ある横山さん（72）は、自分が所有している複数のマンションのうちの一室に愛人（29）を住まわせています。

　横山さんは「自分が死んだ後もずっと愛人を住ませてあげたい」と思っていますが、家族は「お父さんが死んだらあの人には出て行ってもらう」と決めているようです。愛人の末路はどうなるのでしょうか。

　横山さんが死んだ後、愛人（内縁の妻ではありません）はマンションを出て行くほかありません。

　愛人としてはマンションの居住権を主張したくなりますが、それはかなり危険です。逆に奥さんから不倫の慰謝料を請求されてしまう恐れがありますから。

　遺族の気持になってみれば、愛人を追い出すだけでは足りず、「これまでの賃料を払え！」と思いますよね。実際「過去に遡って賃料を払え」と愛人に迫った遺族もいましたが、愛人側が「タダで住んでいいって言われたんだも〜ん」と主張すれば「使用貸借の契約（タダで貸す契約）ができていた」となるため、追求できません。

　不倫はおすすめしませんが、どうしても愛人に財産を残したいと

き（あるいは、あなたが誰かの愛人で、財産をもらっておきたいと
き）、その方法としては、①籍を入れる、②生きているうちに渡し
ておく（生前贈与）、③遺言を書く、のいずれかです。

　そもそも①の入籍ができないから愛人なのでしょうし、③を選択
して「愛人に財産を残す」なんて遺言を残すのはモメる元ですから、
少しずつ②の生前贈与をする選択になるかもしれません。

## ？ 知っておきたい　相続の基礎知識

### 生前贈与

　相続税の話題で必ずといっていいほど出てくる「生前贈与」とい
う言葉。実にいいネーミングです。生前贈与は死んでからではなく、
生きているうちに贈与することですが、そもそも贈与は生きている
うちにしかできません。

　また、例えば認知症（重度）のおじいちゃんは、贈与できません。
「贈与」は、"あげます""もらいます"というお互いの意思表示が
必要となるからです。

　「贈与」とは、ある財産を無償で相手方に贈るという意思表示に
対して、相手方がこれを承諾することによって成立する契約の一種
です。

　民法では以下のように定義しています。

　「当事者の一方（贈与者）がある財産を無償で相手方（受贈者）
に与える意思を表示し、相手方の受諾によって成立する契約」（民
法549条以下）。

「贈与」をした財産の金額によっては、財産を取得した（もらった）側に贈与税がかかります。

　高額で登記を伴うマンションなどの不動産を贈与した場合、税務署から問い合わせ（お尋ね）が入ることもあります。「生前贈与」をする際は、贈与税の申告・納税についても必要か、検討することも忘れずに行いましょう。

# もしも、あなたに内縁の妻がいたら？

**Case**

　20年前に妻に先立たれた下田さん（65）。10年前から恋人（52）と同棲しています。下田さんは本心では彼女と結婚したいのですが、下田さんの息子（33）が「おやじ、入籍だけは止めてくれ」と結婚に断固反対。彼女も「今さら姓を変えたくない」といいます。下田さんは「結婚という形を取らずに彼女に財産を残す方法はないか」と考えています。

　内縁の妻に財産を残したい、という気持ちは分かりますが、配偶者でない内縁の妻には公然の立場がありません。

　つまり財産（遺産）に関しては何の権利もありません。あくまで日本国の法律にのっとった配偶者だけに相続権が認められます。

　長年、妻のように一緒に住んでいた内縁の妻と、一緒に作ってきた財産があったとしても、です。

　（ただし、あなたに相続人がいない場合、「特別縁故者」という地位で内縁の妻が相続できる可能性が残りますが、確実なものではありません。）

　内縁の妻に財産を残したい場合は、①生きているうちに渡しておく（生前贈与）、②遺言を書く、のいずれかを行うことをおすすめします。

# もしも、親族が
# 海外に住んでいたら？

**Case**

内田さん（48）の兄（53）は長く海外で暮らしています。

先日、兄が体調を崩したという連絡を受けました。幸いすぐに回復したようですが、年老いた両親はとても心配していました。

内田さんは「兄さんの手続きを調べておかなければ」と思いました。

海外勤務や留学などで、海外で生活する人が増えています。今や国際結婚も珍しくありませんし、リタイア後の第二の人生を海外で過ごしたいというシニアもちらほら見かけます。

国をまたいだ相続は、手続きがかなり面倒です。遺言書がある場合は遺言書通りに相続するため、さほど手間はかからないのですが、遺言書がない場合は、数年かかることもあります。

## ○相続人の一人が海外にいる場合

被相続人が日本国籍を有しているならば、相続人のうち一人が海外に住んでいても、日本の法律にしたがって相続手続きをすすめていかなければなりません。

（被相続人と相続人の両方が海外に10年を超えて居住している場合等、所定の要件にあてはまれば、被相続人の海外財産は日本の相続税の対象とはなりません。つまり、日本にある財産のみが相続の対象となります。）

### 住民票が日本にある

海外在住でも、住民票が国内にあれば印鑑証明書を取得することができるので、手続きは相続人全員が日本にいる場合と同様です。

### 住民票が日本にない

海外在住の人が日本の住民票をすでに抹消してしまっている場合、日本領事館または領事館で「サイン証明」や「在留証明」などを発行してもらうことが必要になります。

印鑑登録は、住民票を登録している自治体に行うため、住民票が日本にない人は、印鑑証明書の発行もできないからです。

・**サイン証明**……印鑑証明書に代わるもので、申請者の署名（および拇印）が確かに領事の面前でなされたことを証明するものです。
・**在留証明**……住民票に代わるもので、住所の証明になるものです。

## ○本人が被相続人になった場合

海外在住の親族が亡くなった際の相続の手続きは、被相続人の国籍がどこかで変わってきます。

被相続人が海外に住んでいたとしても、国籍が日本の場合には、日本の法律にしたがって相続手続きをすすめていきます。

ただし、海外にある財産については、現地の法律に基づく手続きをする必要が出てきます。場合によっては、海外現地での課税も行われるため、生前にどのような手続きが必要かを確認しておく必要があります。

ちょっとブレイク

## 国境を越えた相続の手続きには、
## ハードルがたくさん

海外が絡む相続の手続きは、国内で完結する場合に比べ、複雑で時間を要する場合が多いです。自分で手続きを進めようとした場合、使えない証明書をとってしまうなど、ムダなお金と時間をかけてしまうことにもなりかねません。その方面に詳しい専門家を探して、早めに相談されることをおすすめします。

# もしも、あなたに
# 隠し子がいたら？

　佐久間さん（62）は、久しぶりの同窓会でかつての悪友から「昔深い仲になった年上の女性が、こっそり君の子供を産んでいるかもしれない」と告げられました。まさかとは思いつつ、思いあたる節があるだけに、佐久間さんは「家族にどう言ったらいいのか」と考え込んでしまうのでした。

　あなたが男性で、誰にも知られていない子供……つまり「隠し子（非嫡出子）」がいる場合、あなた（父親）が認知しているかどうか、がポイントになります。

　隠し子に財産を残したいなら、自分が生きているうちに認知するか、遺言に書いて認知しましょう。認知していれば、嫡出子（結婚相手との間に生まれた子）と同等の権利が発生します。

　財産を残したくない場合は……、あなたが認知をしない限り、内縁の妻や愛人との間の子に、相続権はありません。
　しかし愛人なり内縁の妻なりが「あの人の子供です」と、裁判を起こし、DNA判定などで子供だという事実を勝ち取れば隠し子（非嫡出子）は相続の権利が生じてしまいます。

あなたが女性で、内縁の夫との間に隠し子が……というケースでは、認知が関係してくることはありません。母親の場合、出産という事実によって親子関係の確認ができるため、認知は不要です。また、生まれた子は出生届を提出した際に母親の戸籍に入るので、戸籍を追えば子供の存在を隠しきれないからです。

## ? 知っておきたい 相続の基礎知識

### 認知

　ドラマの世界ではおなじみの「認知」という言葉ですが、どういうことかイマイチ分からない、という方も多いと思うので改めて解説します。

　認知とは、結婚していない（婚姻関係にない）男女の間に生まれた子（非嫡出子）に対して、法律上の「父」を設定する行為です。

　認知する方法は、任意認知、遺言認知、裁判認知があります。いずれも、市町村役場に「認知届」を提出することで効力が生じます。

#### 任意認知

　父が認知届を提出して認知する方法です。期限は特に決まっていません。子供が胎児でも認知できます。

#### 遺言認知

　遺言書に書いて認知する方法です。遺言執行者が就任後10日以内に認知届を提出します。生前に父親が認知届を書いておいて、死

後に誰かに提出を託す、ということはできません。

裁判認知

　裁判で認知を確定します。裁判の確定日から10日以内に、訴提起者が認知届を提出します。

## ○非嫡出子でも権利は同等

　以前の民法では、正妻の子ではない「非嫡出子」の法定相続分は嫡出子の1/2、とされていましたが、この規定は平成25年最高裁により違法と判断され、嫡出子も非嫡出子も権利は同じになりました（平成25年9月5日以後に開始した相続について適用）。

## 戸籍

　戸籍は、日本人の国籍に関する事項と、親族的な身分関係を登録・公証する公文書です。

　戸籍謄本、戸籍抄本、どちらも戸籍原本の写しですが、記載内容が違います。

・**戸籍謄本（全部事項証明）**……戸籍原本のすべての写し。
　　　　　その戸籍に掲載されているすべての人の情報を記載。
・**戸籍抄本（個人事項証明）**……戸籍原本の一部のみの写し。
　　　　　その戸籍に掲載されている一部の人の情報のみを記載
　　　　　（2人以上記載があるうちの1人分など）。

## ○戸籍謄本の提出が求められるとき

相続の手続きでは、次のようなときに戸籍謄本の提出が求められます。

預貯金や証券口座の名義変更、相続税の申告、不動産の相続登記、相続放棄または限定承認など。

## ○被相続人の戸籍をさかのぼる

遺言がない場合、相続人は被相続人が生まれてから死ぬまですべての戸籍謄本を取る必要があります。

死亡時だけでなく、出生から死亡までの戸籍が必要なのは、隠れた相続人がいないかを確認するためです。

戸籍は、まず被相続人の最後の戸籍をとり、そこから順次さかのぼっていきます。

遠方の役所は郵送で申請することになります。申請方法は、請求先の役所のホームページで確認しましょう。

悲しみに暮れる中、出生から死亡まで、すべての戸籍をつなげるのは大変な作業です。司法書士や行政書士などプロに頼むこともできます。

# もしも、認知症の母親が相続人になったら？

　鈴木さん（59歳）の父親が亡くなりました。相続人は、妻である鈴木さんの母親、姉、鈴木さんの3人ですが、母親は認知症で寝たきりに近い状態です。
　お母さんに相続権はあるのでしょうか？

　相続人が認知症や知的障害などで相続した財産を管理できないことが予想される場合、相続権はどうなってしまうのかというと、権利は当然にあります。

　ですが、重度の認知症や重度の知的障害の人は、銀行預金の名義の書き換えなど、相続に必要な書類を書くことはできません。そこで、元気な兄弟姉妹や子供がついつい「家族だからいいだろう」と代筆したくなりますが……ちょっと待って！　これは犯罪です。
　たとえ実の子供が書いたとしても、私文書偽造の罪に問われる可能性があります。「筆跡も似ているからバレないだろう」と思っていても、相続登記をお願いする司法書士さんは必ず取得者の本人確認をしますし、金融機関も最近は法令遵守が徹底され、書類の確認等も非常に厳しくなっています。

　このようなケースでは、次の2つの方法が考えられます。

・未分割のまま（その人が亡くなってから、その人の相続人が分割）
・「成年後見制度」を利用し成年後見人が法定相続分で遺産分割

## ？ 知っておきたい 相続の基礎知識

### 成年後見制度

　成年後見制度は、認知症や知的障害、精神上の疾患などにより、判断能力が不十分で自分の財産の管理や法律行為を行えない人が、不利益を被らないように、財産を管理したり、必要な契約などを行ったりする代理人を付けてもらう制度です。その代理人を成年後見人と呼びます。

　本人の判断能力が衰える前から準備できる「任意後見制度」と、判断能力が衰えた後に手続きをする「法定後見制度」があります。

　法定後見制度は被後見人の判断能力に応じて、後見、保佐、補助の3つにわけられます。

#### 任意後見

　認知症などになる前に、自分で自由に後見人の候補者（任意後見受任者）を選任します。

#### 法定後見

　後見人は家庭裁判所が選任します。希望する候補者をあげることはできますが、候補者が相続関係等から不相当だと判断されると選任されません。候補がいないときは、家庭裁判所が司法書士などの専門家から選任します。

成年後見人がつくと財産は家庭裁判所の監督のもと、成年後見人が管理します。

　本人であっても自由に財産を処分できなくなりますし、周囲の親族も成年後見人の同意なく勝手に財産を使用することができなくなります。また、本人（成年被後見人）が単独で行った法律行為は、成年後見人が取り消せます（日用品の購入等を除く）。

　気を付けなければならないのは、家庭裁判所からの審判で、希望する候補者（多くの場合はその子供）が選任されないなら、この制度は使いませんというわけにはいかないところです。審判が行われる前なら申し立ての取り下げもできますが、その場合でも家庭裁判所の許可が必要となり、取り下げの理由も必要となります。

　また、成年後見人は勝手に辞めることも、気に入らないからという理由だけで辞めさせることもできないので、制度を利用する前によく検討することが必要です。

# もしも、相続人に未成年者がいたら？

**Case**

　急逝した星野さん（55）の相続人は妻の雪子さん（52）、長男（24）長女（15）です。起業を考えている長男が取り分を主張したため、妻、長男、長女で遺産分割協議をすることになったのですが……。

本人　　　妻

兄　　　妹
（未成年者）

44

　未成年者でも相続権に変化はありません。法定相続分は、妻1/2、ふたりの子供が1/4ずつです。

　未成年者は財産に関わる法律行為に制限があるので、遺産分割協議や手続書類の記入・捺印などを行うための法定代理人を立てる必要があります。

　通常は親が法定代理人となりますが、親も相続人で、かつ遺産分割協議が行われるときは、利益が対立する利益相反になってしまうため、親が法定代理人になれません。

　その場合は、子の住所地の家庭裁判所に申し立てを行い、特別代理人を立てます。未成年の子が2人以上いるときは、それぞれに特別代理人を選任します。本ケースの場合、本人や妻の両親などが該

当するかもしれません。

## 特別代理人

　特別代理人は、その手続きのためだけに、家庭裁判所によって特別に選任される代理人です。

　家庭裁判所への申立書には候補者を記載する欄があります。叔父、叔母などの相続人でない親族や、第三者を候補者として挙げることが可能です。

　特別代理人は家庭裁判所で決められた行為が終了すると同時に、任務が終了します。

### ○成年後見人がいる場合の特別代理人

　成年後見人を付けている場合、両者が相続人になるなど、成年被後見人と成年後見人との間で利益相反がある場合も、特別代理人の選任が必要です。具体的には、認知症の母の成年後見人として長男が選任されており、母と長男がともに相続人になる場合などです。

　ただし、あらかじめ後見監督人が選任されているときは、あらためて特別代理人を選任する必要はありません。

# もしも、誰も知らなかった
# 遺言書が見つかったら？

**Case**

> 亡き父の遺産分割を終えて、平穏な暮らしに戻った恩田さん(58)
> が、ある日、父の愛読書を開くと「遺言書」と書いた封のしてある
> 封筒が出てきました。「中身を確かめたい」という好奇心もあります。
> 恩田さんは、勝手に開けていいのでしょうか？

　遺言は、自分の財産をどうしてほしいのか、亡くなった人からの
メッセージです。

　一刻も早く開いて内容を確認したい、とはやる気持ちは分かりま
すが、ちょっと待って！　遺言書は勝手に開けてはいけません！
特に自宅で見つかった自筆の遺言書は絶対に開けてはダメ！　その
まま家庭裁判所に持っていきます。

　遺言を先に発見した人が封を開けてしまうと、他の相続人は「開
けた人が自分に有利なように書き換えたんじゃないの？」と疑って、
トラブルの元になります。また、封のしていない遺言書であっても、
自筆証書遺言であれば必ず検認が必要となります（ただし2020年
7月10日以降に開始する法務局保管の場合は不要）。

　そこで「誰も手を加えていませんよ」と証明するために、家庭裁
判所での「検認」手続きが必要になるのです。

## 遺言書

　遺言書は、自分の死後に財産などをどのように処遇してほしいかを残された人々に伝えるツールです。遺言書の形式には、自筆証書遺言、秘密証書遺言、公正証書遺言の３種類があります。

### 自筆証書遺言

　遺言する本人が、遺言の全文・日付・氏名を自書し、捺印した遺言書です（ワープロや代筆は不可。ただし2019年１月13日以降に亡くなられた方の相続については、作成する自筆証書遺言の財産目録は自書でなくてもよいこととなりました）。

　いつでも新しく書くことができ、費用もかからないため手軽ですが、形式の不備で遺言が無効になったり、偽造されたり、本人保管のため発見されにくいなどのリスクがあります。

### 秘密証書遺言

　遺言の存在は明らかにしつつ、内容は秘密にできる遺言書です。

　ワープロや代筆も可。遺言する本人が遺言書に署名・捺印のうえ封印、封紙に公証人および２人以上の証人が署名・捺印、本人が保管します。実際にはほとんど使われていないのが現状です。

### 公正証書遺言

　遺言者が口述し、公証人が筆記する遺言書です。

　遺言者、公証人および２人以上の証人が、内容を承認のうえ署名・捺印します。家庭裁判所の検認手続きは不要です。

自筆証書遺言、秘密証書遺言は、家庭裁判所で相続人などの立会いのもと、遺言書を開封し、内容を確認する検認という手続きをする必要があります。

　現状で一番おすすめなのは、公正証書遺言です。遺言書は公証人役場で保管し、コピーを受け取ります。コピーを紛失したとしても、公証人役場には120歳になるまで原本が保管されますから、紛失や改ざんのリスクは限りなく低いと言えます。

　自筆証書遺言の保管場所には規定はありません。自宅の金庫での保管がおすすめですが、仏壇の引き出しに入れている方が多いです。火事などのリスクがあるので2通書いて、2ヶ所に保管するのがいいでしょう（コピーは不可です）。

　銀行の貸金庫に保管する場合、その貸金庫を開けるのに相続人全員の同意と書類が必要となります。その手間を省くためにと、遺言に金庫を開ける人を選んで書いても、貸金庫に遺言書があったのでは用を成しません。保管場所の選定は、くれぐれも慎重に。

　なお、2020年7月10日からは、自筆証書遺言は法務局で保管してもらうことが可能になります。遺言自体は現物保管ですが画像情報等は電子化されるため、全国どこからでも、どの法務局に保管してあるかを探せるようになります（保管期間：遺言書50年、画像情報等150年）。

## ○遺言書の探し方

　相続が発生したら、まず初めに遺言書を探します。故人の意思を伝える遺言書の有無は相続に大きく影響しますし、遺言書が手続きの途中で見つかった場合、やり直しになってしまいます。

**探す順番は**

①公正証書遺言がないか最寄りの公証役場で確認する。

②見つからない場合は、法務局に預けていないか確認する。

③法務局にもなければ、自宅を探す。

相続させる立場の人は、遺族の手間を省くためにも「遺言書はここにある」と伝えておくべきでしょう。

遺言書は形式にのっとった形で書かれていることが大切です。日付の書き忘れなど、形式から外れている場合は無効になってしまいます。もしも形式にのっとった正式な遺言書が複数出てきてしまった場合は、日付が一番新しいものが有効です。

その遺言書をどう扱うかは状況によって異なります。遺言書を使った相続の手続きについては131ページを参照してください。

ちょっとブレイク

## 遺言書は何歳になったら書ける？

以前は20歳からだった選挙権が、2016年から18歳に引き下げられました。では、遺言書は何歳から書けると思いますか？　20歳？　18歳？　それとも……？

答えは、なんと15歳。民法第961条に規定されています。

その理由は、明治民法を踏襲したから。そして、15歳になれば遺言能力があると考えられているから、とされ

ています。明治民法では婚姻適齢が男性は17歳、女性は15歳でした。その低い方の年齢に合わせたと言われています。また、15歳になれば遺言を作成する意思能力は備わっているだろうということが前提となっています。

ただし、親が代筆した遺言書は無効です。子供であっても、遺言の「最終意思を尊重する」という考えからすれば当然ですよね。

# もしも、亡くなった親に多額の借金があったら?

## Case

細野さん（45）の父親（77）が、多額の借金を残して亡くなりました。

遺産分割協議にあたって、細野さんの兄は「印鑑を押すと借金を相続することになるからイヤだ」と言い張っています……。

借金がある場合、ハンコを押さずにいれば返さずに済む、ということには……、残念ながらなりません。ゴネ得はありません。

遺産の分配が終わらないうちに借金返済の催促が来ることもあります。

貸している立場からすると、「すいません、誰が借金を相続するか、まだ決まっていないんで」と言われても関係ないのです。

多額の借金を相続しないためには、相続放棄という手段があります。相続放棄をすると、財産はプラスもマイナスもすべて放棄することになります。

相続放棄は自己のために相続開始があったことを知ったときから３ヶ月以内に、家庭裁判所に相続放棄申述書を提出して手続きをします。他の相続人と相談しなくともできますが、相続放棄された借金は消えるわけではなく、次の相続順位の人のところに行きます。

つまり、配偶者と子供が相続放棄すると、父母（祖父母）へ、父母（祖父母）も相続放棄すると、兄弟姉妹へ借金が相続されることになってしまうので、通常はすべての相続人が相続放棄の手続きをすることになります。

# もしも、亡くなった人が、
# 借金の保証人に
# なっていたら？

**Case**

　3年前に父を亡くした林さん（55）に、ある日突然、銀行から「お父さんが保証人になっていた借金を払ってください」と連絡がありました。

　借金はかなりの額で、支払えば、林さんの老後の生活費はゼロどころかマイナスになりそうです。

　保証人の話は全く知らなかったのですが、林さんは多額の借金を払わなければならないのでしょうか……。

　被相続人が家族に黙って保証人になっていた、というケース。めったにありませんが、かなり危険な爆弾なので、注意喚起をしておきます。

　保証していた先が資金的な理由や死亡などで借金を返せなくなったら……、当然のごとく保証人に請求がきます。自分は全く知らないと主張しても、貸している側には関係がないことです。

　「保証人になっている」というのは、本人が言わないと誰にもわかりません。親が誰かの保証人になっていて、それを家族に伝えなかったら、家族はずっと知らないままです。聞かされていなければ、確認しようがありませんから、相続人は何も知らないまま、保証人の立場も相続してしまいます。

## ○保証人とは

保証人は主債務者（借金をした本人）の保証をするという立場です。

単なる保証人と連帯保証人がありますが、連帯保証人は、借金の取り立てに対して「主債務者に請求してください」とは言えないため、より責任が大きくなります。

## ○３ヶ月経つと相続放棄できない……

仮に親が億単位の借金の連帯保証人になっていたとしても「知らなかったのだから許されるだろう」とか「相続放棄すればいいじゃないか」と考える方もいるでしょう。

でも、相続放棄は自己のために相続開始があったことを知ったときから３ヶ月以内でないとできません。たとえ親が保証人になっていたことを全く知らなくても、３ヶ月以上経ってしまうと原則として放棄できないのです（例外もあります）。

財産を受け継ぐ立場としては、親が生きている間に「保証人になっているか」の確認はしておかないと危険です。また、もしご自分が保証人になっている場合は、必ず家族に伝えるべきです。

## 相続によって、
## 損害賠償責任も引き継ぐ場合も！

例えば、亡くなった故人が、電車への飛び込み自殺や人身事故で他人に損害を与えてしまった場合、その賠償債務も相続の対象となります。また、医師であった親が亡くなったのち、患者さんから医療訴訟を起こされたら、たとえ医師でなくても相続人が受けて立たなければならないのです。

相続放棄できるのは３ヶ月以内。悲しみに暮れている間もないのです。

## Chapter **1** まとめ

　この章では「もしも」のケーススタディとともに、相続を考えるうえでぜひ知っておいていただきたい基礎知識についてお伝えしました。

　相続手続きのスケジュールや、誰が相続人になるのか、相続放棄はどうしたらいいのかなど、相続手続きの全体像を知ることで、遺言の大切さにも気付いていただけたかと思います。

　生きていれば誰もが相続する側、させる側の両方を体験する可能性があります。

　相続するときに備えて、相続の概略をつかんでおき、相続させるときに備えて、遺言の準備をしておきましょう。

# ハウツー本には書いてない、
# 相続税対策の裏話

## 相続税の節税
## 裏側まで知っていますか？

あなたは、相続税を払いたいですか？
あるいは、子供たちに相続税を払わせたいですか？

「どうしても払わなきゃいけないなら払うけど……」
「せっかく親が残してくれた財産だから、できるだけ多く手元に
残したい」
「このご時世、もらえるものは少しでも多い方がいい……」
それが大多数の人の包み隠さぬ本音でしょう。

相続する財産が多ければ、多くの税金がかかってしまいます。
そこで、相続する財産の表向きの価値を下げて、相続税を少なく
するなどの「相続税対策」が注目を浴びるわけです。
巷にはいろいろな相続税の「節税テクニック」が出回っています。
なかには、ほとんど節税にならない都市伝説みたいなものや、節
税効果はあっても、安易にマネをすると将来的に痛い目を見るもの
もあり、プロである税理士さえも時には惑わされてしまいます。

この章ではハウツー本でよく紹介されている「相続税節税テク
ニック」について、鋭くツッコミを入れつつ、知らないと損をしが
ちな相続税対策の裏話をお伝えします。

# 本当はたった
# これだけでいい、
# 相続税の基礎知識

## 相続税とは？

　相続税は相続や遺贈で取得した財産にかかる税金です。被相続人ではなく、相続した側（相続人）に納税義務があります。

　相続税は、被相続人が死亡したことを知った日の翌日から10ヵ月以内に、申告書の提出・納付を行わなければなりません。

　納付は税務署、金融機関、郵便局のほか、税務署でバーコード付き納付書を発行してもらえば、税額が30万円以下の場合にはコンビニエンスストアでも可能です。

## 相続税がかかるかどうかのラインはどこ？

　相続税がかかるかどうかは、相続財産が基礎控除額を超えているかどうかで判断します。

**基礎控除額＝3,000万円＋600万円×法定相続人の数**

　相続財産から基礎控除を差し引いた遺産額が0やマイナスになる場合、相続税はかかりません。

　例えば、法定相続人が妻と子供2人の場合

**基礎控除額＝3,000万円＋600万円×3人＝4,800万円**

相続財産が4,800万円までなら相続税がかからないことになります。

## 相続税の計算方法

　節税を考える前に、相続税の計算方法を知っておきましょう。

　相続税の計算は手順が多いですが、ひとつひとつの計算は複雑ではありません。

### ①遺産総額

　まずは遺産総額を算出します。遺産を金額で表すといくらになるのか評価して足していきます。

　現金などはそのままの金額が評価額になりますが、不動産や株式、宝飾品などはそれぞれに応じた方法で計算します（評価方法については103ページを参照してください）。

### ②非課税財産と債務を差し引く

　そもそも相続税がかからない財産（非課税財産）と債務を差し引きます。

　非課税財産には次のようなものがあります。
・墓地や墓石、仏壇、仏具、祭具など
　（ただし、骨董的価値のあるものは非課税にはなりません。）
・相続人がもらった財産を国や地方公共団体、特定の公益法人（ユニセフや日本赤十字社など）に寄附した財産
・生命保険金や死亡退職金のうち500万円×法定相続人の数

　生命保険金・死亡退職金は「500万円×法定相続人の数」が非課税、それを越えた分は相続税がかかります。

## 相続税の計算方法

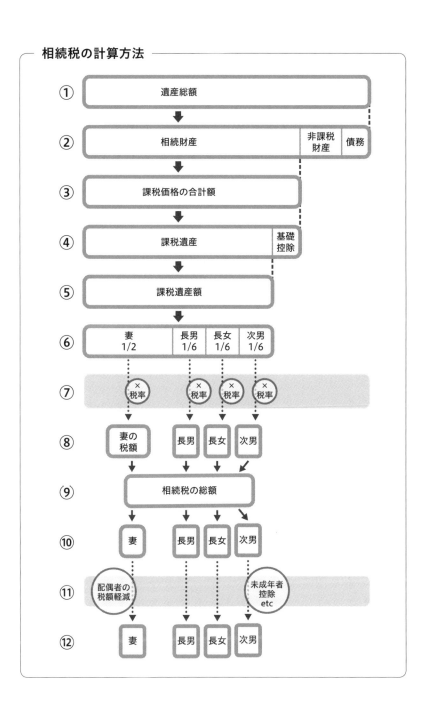

## ③課税価格の合計額　【①−②＝③】

課税価格の合計額が出ます。

## ④課税価格の合計額から基礎控除を引く

基礎控除＝3,000万円＋600万円×法定相続人の数
基礎控除額を差し引きます。

## ⑤課税遺産額　【③−④＝⑤】

課税される遺産の総額が算出できました。

ここがプラスだと、相続税の申告が必要となります。

（注：⑪の計算後に税金が0円となる場合でも、申告は必要な場合があります。）

## ⑥法定相続分に振り分ける

実際の受取割合ではなく、遺産を法定相続分で分けます。あくまで、税金計算のためだけに法定相続分を使います。（法定相続分については22ページを参照してください。）

| 法定相続分に<br>応ずる取得金額 | 税率 | 控除額 |
|---|---|---|
| 1,000万円以下 | 10% | — |
| 3,000万円以下 | 15% | 50万円 |
| 5,000万円以下 | 20% | 200万円 |
| 1億円以下 | 30% | 700万円 |
| 2億円以下 | 40% | 1,700万円 |
| 3億円以下 | 45% | 2,700万円 |
| 6億円以下 | 50% | 4,200万円 |
| 6億円超 | 55% | 7,200万円 |

## ⑦税率を掛ける

それぞれの金額に応じた相続税率を掛け、控除額を引きます。

## ⑧相続税の額

法定相続分で分けた場合の、各人の相続税額が算出できます。


## ⑨相続税の総額

すべての相続税額を足して相続税の総額を計算します。


## ⑩振り分ける

相続税の総額を実際の受取割合で振り分け、一人一人の相続税額を算出します。


## ⑪適用される税額控除を差し引く

配偶者の税額軽減など、各人が適用できる税額控除を差し引きます。税額控除には申告が必要なものがあるので注意が必要です。

・**配偶者の税額軽減**……被相続人の配偶者は、実際に取得した財産の額が、「法定相続分」もしくは「1億6,000万円まで」のいずれか多い金額に対応する金額までが税額から控除されますが、申告が必要です。

税額控除は他に、暦年課税分の贈与税額控除、未成年者控除、障害者控除、相次相続控除、外国税額控除、相続時精算課税分の贈与税額控除などがあります。

## ⑫相続税額

それぞれが納付すべき相続税額が算出できました。

## 実際に計算してみよう！

ある家族の場合をもとに、相続税の計算の流れを見てみましょう。

お父さんが亡くなって、妻であるお母さんと、長男、長女の3人が遺産を分けることになりました。財産とそれぞれがもらう内容は、以下の通りです。（単位：円　以下略）

父
被相続人

母

長男

長女

【財産】

| 預金 | 2,000万 | 株式 | 350万 |
|---|---|---|---|
| 自宅土地 | 2,000万 | お墓 | 100万 |
| 自宅建物 | 1,000万 | 生命保険金<br>(受取人：母) | 1,000万 |
| 車 | 50万 | | |
| | | 合計 | 6,500万 |

## 【実際にもらう内容】

**母**

| | |
|---|---|
| 預金 | 500万 |
| 株式 | 310万 |
| お墓（非課税） | 100万 |
| 生命保険（非課税） | 1,000万 |
| 母の合計 | 1,910万 |

**長男**

| | |
|---|---|
| 預金 | 1,000万 |
| 自宅土地 | 2,000万 |
| 自宅建物 | 1,000万 |
| 車 | 50万 |
| 長男の合計 | 4,050万 |

**長女**

| | |
|---|---|
| 預金 | 500万 |
| 株式 | 40万 |
| | |
| | |
| 長女の合計 | 540万 |

| ①遺産総額　6,500万 |
|---|

上記のうち②非課税財産　1,100万

| ③課税価格　5,400万（①−②） | | | | | |
|---|---|---|---|---|---|
| 母の合計 | 810万 | 長男の合計 | 4,050万 | 長女の合計 | 540万 |

①遺産総額：6,500万

②非課税財産：お墓100万＋生命保険金1,000万＝1,100万

生命保険金1,000万＜500万×3人＝1,500万

「500万円×法定相続人の数」を超えていないので1,000万は
非課税となります。

③課税価格の合計額：①6,500万−②1,100万＝5,400万

④基礎控除額：3,000万＋600万×3人＝4,800万

⑤課税遺産額：③5,400万−④4,800万＝600万

⑥法定相続分に振り分ける

⑦税率を掛ける

⑧相続税の額　　　　　　　　　下図を参照

⑨相続税の総額：60万

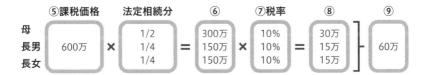

## ⑩振り分ける

| | ⑨ | ⑩ | | |
|---|---|---|---|---|
| 母 | | 実際にもらう内容③ 810万 / ③課税価格 5,400万 (15%) | | 9万 |
| 長男 | 60万 | × 実際にもらう内容③ 4,050万 / ③課税価格 5,400万 (75%) | = | 45万 |
| 長女 | | 実際にもらう内容③ 540万 / ③課税価格 5,400万 (10%) | | 6万 |
| | | | 合計 | 60万 |

## ⑪適用される税額控除を差し引く：

配偶者には、配偶者の税額軽減があるため、母のみ9万控除。

Ⓐ 実際に取得した財産の額：810万

Ⓑ 上限

1億6,000万 ＞ 配偶者の法定相続分相当額

（2,700万：③×1/2）

いずれか多い金額なので、1億6,000万

Ⓒ Ⓐ810万 ＜ Ⓑ1億6,000万

実際に取得した財産の額Ⓐが上限のⒷに満たないので、結果として母の相続税額9万すべてが控除となります。

⑫**相続税額：51万**

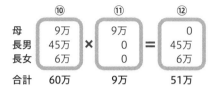

|  | ⑩ |  | ⑪ |  | ⑫ |
|---|---|---|---|---|---|
| 母 | 9万 |  | 9万 |  | 0 |
| 長男 | 45万 | × | 0 | = | 45万 |
| 長女 | 6万 |  | 0 |  | 6万 |
| 合計 | 60万 |  | 9万 |  | 51万 |

　ふぅぅ～～、やっと相続税額の計算ができました！

　みなさん、計算は合っていましたか？　手順が多いので一見難しそうですが、全く歯が立たないってわけではなさそうですよね。

# 遺言書を書いておけば
# 大丈夫!?

 **オモテ知識** 相続のトラブルを避けるために、遺言書を書いておけば安心。

 **ウラ知識** 遺言書のせいで、逆にモメることもある。

## 遺言書がモメる火種に

相続するときの最重要事項が2つあります。ひとつは相続人の確定、もうひとつは遺言があるかないか。これらを押さえていないと、後で結論がひっくり返るなんてことになりかねません。

「遺言を書いておけば、残された家族はその通りに分けるから安心」と思っている方も多いと思います。しかし、遺言書は『ただ書けばいい』というものではありません。

形式にのっとって書くのは当然ですが、それ以前に財産をどう分けるか、という遺言書の内容が大切です。

残された家族に不平不満が出ないような分け方をしなければ、モメないようにと思って書いた遺言書が、逆にモメる火種になってしまうのです。

例えば、子供が5人いるAさんが「家業を引き継いだ長男に全財産を継がせる」という遺言を残しました。遺言があるので、遺言どおりの相続はできますが……、残りの4人がひがんでしまい「遺留分侵害額請求」を発動。それぞれが権利を主張して、長男との関係が険悪になってしまった……。そんな火種になる遺言、あえて残す意味はあるの？　ということです。

## 節税だけを考えない

　遺言は家族がバラバラになってしまう原因を作りかねないものだけに、どうやったら不公平感を持たせずに、皆に気持ちよく相続してもらえるか、分け方をじっくり考えて書くべきでしょう。

　財産の分け方に気を取られがちですが、実は、気持ちの面への配慮がとても重要です。

　兄弟姉妹がモメるのは、どちらの取り分が多いということだけでなく「私には何も残してくれない、私はお父さんから愛されてなかったんだ」など『財産の多い少ない ＝ 愛情の多い少ない』と捉える方が多く、『財産をもらえない ＝ 愛されていない』という不満や悲しみにつながる場合が非常に多いのです。

　遺言には「付言事項（ふげんじこう）」といって、手紙を書けるところがあります。それを利用して、なぜそういう分け方にしたのか、理由と想いをしたためておくことで、不公平感をカバーしてあげることができます。遺産を残す立場としては、そういうところまで手当てした内容の遺言をちゃんと考えて書くことが何よりも大切なのです。

　よかれと思って書いた遺言が、結果として家族をバラバラにする

なんて悲しすぎませんか？

　節税だけを考えた分け方もありですが、それよりも相続人全員が納得できる分け方をするほうが大切なのです。

## 遺言の内容はできればオープンにする

　「遺言書は黙って書いた方がいいですか、オープンにして書いた方がいいですか」と質問されることがよくあります。

　遺言の存在を隠したい方は「遺産を当てにされたくない」とおっしゃるのですが、できればオープンにするほうがいいでしょう。何も知らされず、いざ相続という場面で遺言の存在を知れば、心構えがないだけに、内容によっては衝撃も大きくなります。

　お盆やお正月など家族が集まる機会に「こうやって分けるつもりだよ」と伝え、その通りの内容を書いてある遺言書、争う余地を残さない遺言書を作ってあげることが一番いいと思います。

　自分が死んだ後に子供たちが遺産で争っている、なんて姿は見たくないですよね？　だからこそ、プラスもマイナスも全部を伝えるべきです。

　そして「自分の財産はこう渡したいんだ」という想いも必ず伝えてください。なかなか言い出しにくいことですが、それが遺す側の務めでもあると思います。

## 遺言は何度でも書き直せる

　遺言は何度でも書き直しができます。

　私の知り合いの資産家Aさんは、毎年、自筆証書遺言を書き換えています。子供たちの1年間の成長や自分たち夫婦に何をしてくれたかを見て、遺言に反映しているのだそうです。

　財産を持っている親がそんなことをしていたら、子供は親をすごく大事にしますよね。遺言書にはそういう使い方もあったりします。

## もしも遺言書に書いた財産を使ってしまったら？

　遺言書を遺す側の方から「遺言書に書いてある財産を売ったり、使ったりしちゃいけないの？」と聞かれることもよくあります。

　その場合、「使ってもいいですよ。残った分が相続されるだけですから」とお答えしています。

　使ってしまってもうない財産を遺言書に書いたままにしておくことが気になるなら、遺言書を書き直せばいいのです。

　自筆証書遺言は自筆でなければいけませんが、2019年1月13日からは遺言書に添付する財産目録はパソコンでも作れるように変わるなど、以前よりはだいぶ書きやすくなっています。

# 生前贈与で
# 節税対策はバッチリ!?

**オモテ知識** 生きているうちに贈与しておけば、相続財産が減らせるから相続税が節約できるよね。110万円までは贈与税がかからないし。

**ウラ知識** 中途半端な生前贈与のせいで家族がモメることもあるから、生前贈与は注意深くやらなくちゃ。

## 生前贈与で節税とは?

さまざまな相続税対策の中でも、親しみやすいのが贈与ですね。税理士さんに「110万円までは贈与税かかりませんよ」と言われて、生前贈与にいそしんでいる方も多いでしょう。

生前贈与は、贈与によって財産をあらかじめ渡しておけば、相続財産が減る⇒相続税が減る、という考え方をベースにしています。

ただ年間110万円を超えて贈与をすると「贈与税」がかかってしまうので、どんな特例があって、どう活用したら贈与税をかけずに相続税を減らせるか、という点を知っておくことが大事です。

## 贈与の非課税枠

　では、贈与税にはどんな非課税枠があるのでしょうか。それぞれに適用条件があり、当てはまる場合だけ非課税の金額までは税金が免除されます。

　以下で簡単に説明をしますが、年度で変わることもあるので、最新情報はネット等（国税庁HP）で調べるか、税理士や税務署に確認をしてください。

・「暦年課税」基礎控除……年間110万円まで非課税。相続開始前3年以内の贈与は相続財産に合算して（戻して）計算します。

・夫婦間贈与……別名「おしどり贈与」とも呼ばれており、婚姻期間が20年以上の夫婦限定です。夫または妻へ居住用不動産等を贈与する場合は、2,000万円まで非課税。

・住宅取得等資金贈与……最大3,000万円まで非課税（2020年3月31日まで）。お金をもらう年度や建てる住宅の要件により非課税枠が異なります。

・教育資金贈与……1,500万円まで非課税（2021年3月31日まで）。0〜30歳未満の子供や孫に対して適用されます。

・結婚・子育て資金贈与……1,000万円まで非課税（2021年3月31日まで）。20〜50歳未満の子供や孫に対して適用されます。

こんなに非課税となる贈与があるなら、使いたいと思いますよね。

そう考えたAさん。さっそくこのうちの1つを使って贈与をしました。「生前対策で節税はバッチリ！」となるハズでしたが……。

1億1,200万円の財産を持つAさんが、家を買うという息子（兄）に住宅取得等資金贈与の特例の範囲内で1,200万円を渡しました。しかし、その翌日、Aさんは事故で亡くなってしまいました。暦年贈与ならば相続財産に戻して計算しますが、この場合1,200万円は特例を利用しているので、戻す必要はありません（つまり贈与税も相続税もかかりません）。

税金だけ見ていると「節税できてよかった！」という話なのですが、Aさんが亡くなる前日に兄が1,200万円をもらっていたと知ったAさんの娘（妹）は、どう思うでしょうか？

「なんでお兄ちゃんだけ!?」って思いませんか？

兄からすると、もらった1,200万円は父のものではないので、「1億円の半分、5,000万ずつ分けるのが妥当」。妹からすると、その1,200万円も考慮して、「1億1,200万円の半分で、5,600万円ずつが妥当」。

すでに財産は1億になっているので、妹の言い分を飲んでしまうと5,600万円（妹）と4,400万円（兄）で分けることになります。兄に生前贈与した1,200万円を戻す考え方を「特別受益の持戻し」といい、民法上認められる考え方です。

両者の言い分は対立し、結果、どちらの言い分が通っても、兄と妹で遺恨が残ることになりかねません。果たしてこれで「節税できてよかった！」と言えるのでしょうか？

## 非課税枠以上の贈与（暦年贈与）

非課税の金額を超えた分には以下の贈与税がかかります。

### 一般贈与財産と特例贈与財産の税率一覧表

（一般贈与財産）

| 基礎控除後の課税価格 | 税率 | 控除額 |
|---|---|---|
| 200万円以下 | 10% | - |
| 300万円以下 | 15% | 10万円 |
| 400万円以下 | 20% | 25万円 |
| 600万円以下 | 30% | 65万円 |
| 1,000万円以下 | 40% | 125万円 |
| 1,500万円以下 | 45% | 175万円 |
| 3,000万円以下 | 50% | 250万円 |
| 3,000万円超 | 55% | 400万円 |

（特例贈与財産）

| 基礎控除後の課税価格 | 税率 | 控除額 |
|---|---|---|
| 200万円以下 | 10% | - |
| 400万円以下 | 15% | 10万円 |
| 600万円以下 | 20% | 30万円 |
| 1,000万円以下 | 30% | 90万円 |
| 1,500万円以下 | 40% | 190万円 |
| 3,000万円以下 | 45% | 265万円 |
| 4,500万円以下 | 50% | 415万円 |
| 4,500万円超 | 55% | 640万円 |

※特例贈与の税率（右側の表）：直系尊属（祖父母や父母など）から、その年の1月1日において20歳以上の直系卑属（子・孫）などへの贈与税の計算に使用。

（計算例）

前提：父（70歳）から長男（45歳）へ500万円の贈与

（500万円 − 110万円）× 15% − 10万円 ＝ 48.5万円

## 相続時精算課税制度

　贈与のときには、合計2,500万円まで贈与税が無税となる「相続時精算課税制度」が選択できます。

　原則として60歳以上の父母または祖父母から、20歳以上の子または孫に贈与する場合に選択できます。

　この制度を利用すると、贈与のときには非課税（2,500万円を超えた分は20％の贈与税がかかる）ですが、いざ相続が発生すると、非課税だった分も相続財産と合算して相続税が計算されます（贈与税を支払っている場合は、相続税から支払い済み贈与税分を控除できます）。

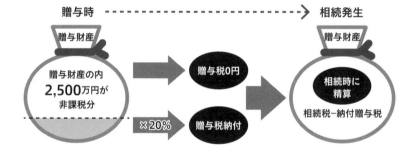

　つまり相続時精算課税制度は、税金の支払いを相続発生時に先送りしているだけ。相続税の節税にはなりません（場合によっては逆効果）。しかも、いったん相続時精算課税制度を利用すると「暦年課税」の基礎控除110万円は利用できなくなります。選択は慎重に検討してください。

　ただし、次のようなケースなら、相続時精算課税制度を選択すると有利になる場合があります。

・相続税の負担がない（または少額の相続税しかかからない）人が、110万円を超える贈与をするケース

　→　例えば、最後に精算する相続税が、相続時精算課税制度を使って贈与した財産を合算してもかからないのであれば、結果、税金はかからずに相続を待たずして財産を渡せます。

・相続税を払う人であっても、贈与時点から相続までの間に時価が大幅に上昇する財産を贈与するケース

　→　例えば、今後、都市開発計画で確実に時価が上がると見込まれる土地を所有しているような場合、今の時価と相続時の時価に大幅な差が生まれます。この土地は、相続税はかかるのですが、相続税の計算には贈与時の金額が使われるので、低い金額で相続税が計算できるのです。

・収益物件である建物などを贈与するケース

　→　収益をたくさんもたらす物件である場合、その収益も贈与により移転するため、所得税・住民税の節税につながることがあります。一方で、建物は一般的には評価額が下がっていく財産なので、相続税という観点からは不利になります。どちらのメリットをとるかは、慎重に検討する必要があります。

　また、相続税や贈与税ばかりに気を取られていてはいけません。
　不動産を贈与する場合は、贈与税や相続税だけでなく、登記にかかる費用（登録免許税や不動産取得税など、いわゆる流通税と呼ばれるもの）が別途必要となります。登録免許税や不動産取得税はもらった人にかかる税金です。
　流通税まで考えておかなければ、予想外の出費が待っています。

## 不公平感が残らないように

　生前贈与は税金という面からは効果的ですが、上手にやらないとモメる元にもなってしまいます。何よりも大切なのは、不公平だと感じさせないようにすることです。

　例えば、「おじいちゃん、おじいちゃん」と懐いてくるかわいい孫にはあげるけど、顔を見せない疎遠な孫にはあげない、住宅取得等資金贈与の特例を使って兄妹のうち兄だけにあげる。

　そして、もらった側もあげた側も、その事実をもらわなかった側には黙っているということは多々あります。バレなければ、それでもよかったのかもしれませんが……。

### ○もしも、その事実を知ってしまったら？

　もしも、あなたがもらえなかった側だったら、どう思いますか？言わなければ、バレないから大丈夫。みなさん、口をそろえておっしゃいます。でも、私は数多くの相続にたずさわっているので、そうですね、と言えないのが本音です。

　例えば、相続が始まると、同居をしていなかった兄弟から、亡くなった親の通帳を見たいと言われることがよくあります。見せないのは怪しまれるからと、開示すると通帳から大きなお金が抜けている……。ここで事実が判明します。

　通帳を捨ててしまえばいいと思われるかもしれませんが、相続人なら金融機関から親の通帳の明細を取り寄せることも可能です。また、贈与税の非課税枠の特例を使っている場合には、税務署への申告も行っているので、後から調べる方法はいくらでもあるのです。

とは言え、あげるには理由もあると思います。全員、同じように
とはなかなかできないのも現実ではないでしょうか。

同じようにできなくても、もらえなかった側が納得するやり方を
模索すべきなのです。

暦年贈与の範囲内の場合はもちろんのこと、贈与税の非課税枠の
特例を利用するときはさらに配慮が必要です。
特例は、要件に当てはまる人にしか使えません。この特例を使っ
て贈与をする側も、もらう側も、「節税になるしちょうどいい」と思っ
ているかも知れませんが、特例に当てはまらずにもらえない側がそ
れを知ったら、「お兄ちゃんだけ1,500万円ももらってずるい。贈
与税を払うことになってもいいから、私にもちょうだい」とか「相
続の時に調整してよね」と言いかねません。これでは、節税になる
し、みんなが喜ぶと思って行った贈与が原因で、思いもよらず家族
間に争いの種をまいてしまいます。

贈与はたしかに節税にはなります。しかし、やり方によっては、
大切なものを失う原因にもなりかねないのです。

あなたが財産をあげる側なのであれば、家族間の気持ちに配慮し
たやり方を考えたうえで行うべきです。親であれば誰しも子供には
仲良くしてもらいたと願うものです。自らが"争続"の原因をつく
りかねないということに気付いていただきたいのです。

あなたが財産をもらう側なのであれば、「節税のために贈与をし
て」とお願いするときに「お姉ちゃんにも弟にも、平等に分けてあ
げて」という気遣いの一言があるといいですね。

自分だけが得をしたい、という利己的な態度はどんな場面でも嫌われるものですが、特に相続では、この気持ちはモメる元凶になります。

　1つの贈与を、それぞれの立場（あげる側、もらう側、もらえない側）から考える。そのうえで、自分がどの立場になっても納得できるという方法であれば、不公平感は減らせるのではと思います。

# 毎年、
# 誕生日に贈与すると
# ソンしてしまう!?

 **オモテ知識** **毎年同じ日に贈与すると、基礎控除110万円が認められなくなる!?**

**ウラ知識** **連年贈与の証拠をちゃんと残しておけば大丈夫！**

　贈与する金額や時期もできれば毎年同じではない方がよい、贈与が毎年同じ日だと、贈与税の基礎控除110万円が認められなくなってしまう、とアドバイスをする人もいますが、これは都市伝説です。

　毎年贈与を行う場合、連年贈与と定期贈与があります。
　贈与税は、連年贈与であれば毎年の贈与額に対して、定期贈与であれば贈与額の合計に対して課税されます。

|  | 贈与のとりきめ | 贈与税のとりきめ |
|---|---|---|
| 連年贈与 | たまたま毎年贈与で、翌年に贈与するとは限らない | 毎年の贈与額に対してかかる |
| 定期贈与 | あらかじめ贈与する金額を決め、毎年分割で贈与 | 贈与額の合計に対してかかる |

例えば、1,000万円贈与したい場合で考えてみましょう。贈与の最初の年に毎年100万円ずつ10年間贈与すると取り決めて契約書を作成すれば、定期贈与になり、取り決めた最初の年に1,000万円を贈与したものとして贈与税がかけられます（細かく言うと本当は有期定期金の贈与なので、1,000万円を若干下回ります）。毎年の贈与額が基礎控除の110万円を下回っていたとしても、です。いまや、この定期贈与は都市伝説となっていて、あまり該当することはないとは思いますが、定期贈与と誤解されないよう、正しい贈与の知識を身につけることは大切です。

　毎年単発の贈与が発生する連年贈与であれば、もちろん基礎控除の110万円が使えます。連年贈与であるという証拠を残すには、贈与契約書と確定申告（贈与税）が有効です。

## 贈与契約書

　贈与するたびに、「たまたま同じ日なんですよ」というのを立証するために贈与契約書を作成して、贈与契約を結びます。銀行振込にすれば振り込んだ証拠は残りますが、あげた、もらったという認識を形にするには契約書があったほうがいいのです。

　すぐに使える贈与契約書の書式は202ページに掲載しています。

　「家族なのに契約書なんて……」という人もいるかも知れません。でも、モメないためにも契約書があったほうがいいのです。きちんと贈与契約書を交わしておけば、親族に「勝手にやったんじゃないか」と疑われたときの証拠にもなります。

## 贈与税の確定申告

　贈与税がかかる場合は、贈与を受けた側が、自分の住所地の税務署に確定申告をします。贈与を受けた年の翌年2月1日から3月15日までに、申告と納税を行います（所得税の確定申告は、翌年2月16日から3月15日までです）。国税庁のサイトにある用紙に書くだけで、難しいものではありません。

　https://www.nta.go.jp/taxes/tetsuzuki/shinsei/shinkoku/zoyo/souzoku.htm


　贈与額が110万円ならば贈与税はかかりませんから、例えば111万円など少しだけ贈与税（贈与税額1,000円）が出る額を贈与して、納税義務を発生させるというやり方をしている方もいます。

　私はお客様からよく「111万円にして申告書を出したほうがいいですか？」と聞かれるのですが、「贈与税がかからなくても申告してもいいんですよ」と答えています。贈与税が0（ゼロ）円でも申告しておけば、疑われる前にガラス貼りにする効果があり、それだけで税務署対策になります。

　ただし、申告書を出したから大丈夫というものではありません。その前提として、贈与の事実があり、その証拠を残すために契約書をかわし、贈与を受けた本人が申告書を提出していることがとても重要なのです。

## 贈与とみなされないケース

　こちらが贈与のつもりでいても、税務署には贈与とみなしてもらえないケースもあります。以下は特に注意が必要です。

### ①子供や孫名義の口座を作り、親や祖父母が管理している

　管理しているのは誰かという問題が出てきます。贈与は「あげます・もらいます」が成立して初めて贈与です。贈与された財産は、贈与を受けた人が自由に使えなければ、それは贈与とは言えないのです。あげた側の親や祖父母が、口座を管理している（通帳やキャッシュカード、印鑑を預かっている）ような場合は、贈与したとは言えません。

　子供が未成年者の場合は、贈与者である親が口座を管理しているのは良いのですが、子供が成人したら通帳と印鑑を渡し、自らが管理するようにしてください。成人しても親が管理したままでは、親の口座とみなされてしまう可能性が高くなります。

### ②へそくり

　夫からもらった生活費をうまくやりくりして節約し、コツコツとへそくりを貯めている専業主婦の方も多いのではないでしょうか。妻としては"自分ががんばって貯めたもの＝妻のもの"と考えがちですが、税務署は「夫のお金を預かっただけ」と判断します。税務署は、そのお金はもともと誰が得たお金なのかを重視するのです。

　そうならないためにも、夫婦間であっても贈与契約書を作り、あげたもらったということを客観的に証明できるようにしておくべきです。

### ③財産を相続する日からさかのぼって3年以内の相続人等への贈与

　これは注意しようがないかもしれませんが、3年以内の贈与は暦年贈与の非課税枠の範囲内（110万円以下）でも相続税の対象になります。つまり、贈与はなかったものとして、相続税の対象となってしまいます。ただし、被相続人の相続の際に**何ももらわなかった場合**には、相続税の対象とはなりません。

# 生活費や教育費を
# おじいちゃんに出してもらう
# のも、贈与にあたるの？

**オモテ知識** お金をもらうのはすべて贈与、家族からでも贈与税がかかっちゃうかも!?

**ウラ知識** 常識の範囲内ならば贈与にはあたらないんだね。

## 直系血族の扶養義務

　生活費の贈与であれば、そもそも贈与税の対象外です。

　民法では「直系血族及び兄弟姉妹は、互いに扶養をする義務がある」（877条1項）と定められています。祖父は直系血族ですから、生活費や教育費を出してもらうのは、贈与ではなく扶養義務範囲内。世帯が分かれていても、息子が働いていても、贈与税の対象外となります。

　ただし「生活費だよ」と渡す金額が高額だと贈与にあたります。生活費とは、通常の日常生活を営むのに必要な費用をいいます。それって具体的にはいくらなの？　と聞かれることが多いのですが、そのご家庭によってさまざまで、残念ながら具体的な金額はないのです。一般的な、常識の範囲内に収まっていれば問題はありません。仮に数年分をまとめて贈与されたとして、生活費に充てられず預貯

金として残っている、または、そのお金で株や家を買ったなどの場合は、生活費とは言えません。その場合、生活費に充てられなかった部分は贈与税の課税対象となるので注意が必要です。さきほどの「へそくり」がまさにこれですね。

税金の問題以外にも注意が必要です。近くに住んでいるかわいい孫世帯だけにあげて、離れて住んでいる疎遠な孫世帯には援助しない、となると後々モメる火種となりかねません。

おじいちゃんの財産も減らせるし、子供や孫も助かる生活費や教育費ですが、不公平感をなるべく減らすように努めるのも、渡す側の努めだと思います。

## 特別受益の持戻し（民法903条）

「特別受益」とは、相続人が被相続人から生前にもらっていたお金や不動産、株など金銭的価値のあるもののことをいいます。

民法では、これを考慮しないで法定相続分どおりに遺産を分けると不公平が生じるため、その価額を相続財産に加えて（これを「特別受益の持戻し」といいます）、相続分を算定し公平を図ります。

持戻す期間は、何年前の贈与であっても立証されれば戻す必要があります。特別受益を得ていた相続人が、相続分以上に特別受益を得ていても、返金する必要はありません。相続分がゼロになるだけです。

特別受益の対象となるものは、学費や住むための建物や土地の贈与、生活費の援助などです。すべてが「特別受益」に該当するわけではありません。例えば、親は子供を扶養する義務を負っており、その扶養の範囲内であれば、原則的には特別受益には該当しません。特別受益は「遺産の前渡し」いう概念に該当するものなので、お金

をもらった＝特別受益というわけではないのです。


　ただし、民法上の特別受益にあたらなくても、感情論は別問題。「お兄ちゃんは東京の私立大学に行って下宿代まで払ってもらっていたのに、妹の私は地元の短大で実家暮らし。お兄ちゃんだけずるい」などと感情論がからんでくると、いざ相続の場面ではやっかいに。そういう感情面への配慮を、渡す側は普段から考えておくべきです。

# 養子縁組で節税、
# 本当は怖いことかも

 **オモテ知識** 　養子縁組をして相続税の基礎控除を増やせば、節税効果バッチリ。

**ウラ知識** 　人間、将来どう変わるか分からないから、養子縁組は慎重にね。

## 養子縁組で相続税対策

　時代劇などでは「家を守る」「家督相続」のための養子縁組があったりしますが、最近は「相続税対策」として養子縁組をすることが珍しくありません。

　相続税の基礎控除の計算上、法定相続人の数に加えられるのは「実子がいる場合は１人まで、いない場合は２人まで」という制限がありますが、民法上、養子の数には制限がなく、またすべての養子が平等に子供として相続権を持ちます。

## 孫を養子にする場合

　相続税対策に孫養子をすすめられた方もいるでしょう。直系の孫を養子として迎えると、その子は父親を経由せずに祖父の財産の一部を養子という立場で相続することができます。

　もしその子の父親が祖父より早く亡くなってしまった場合には、代襲相続分（父親の分）＋養子分（自分の分）の相続権を持つことになります。人間は1人だけれど、権利としては2人分というわけです。

## 本当に養子にしていいの？

　養子縁組をすれば親子関係になります。それはつまり、相続の権利を発生させることです。

　28ページで書いたように、養子縁組は、誰が相手でも（赤の他人でも血縁でも）、双方の合意があればできます。

　とはいえ、相続対策のためだけに養子縁組を行うのは非常に危険です。

　悲しいですが、人間の心は変わっていくものです。「私は財産が欲しいなんて主張はしませんよ」と言っていても、いざ相続の場面となり、具体的な財産が浮き彫りになってくると、その時の家族構成や経済力で、人の気持ちは変わります。そのことを十分に理解した上で、養子縁組は慎重に行うべきなのです。

　養子縁組によるデメリットの例を2つ紹介しましょう。

## 婿養子・嫁養子のケース

　資産家Aさんの一人息子夫婦が離婚しました。息子の元嫁は、結婚と同時に相続税対策のためにAさんの養子になっていました。たとえ離婚をしても、養子の縁は切れません。Aさんが資産家であることを元妻は百も承知。夫とは離婚しても、養子縁組の解消はせず、元妻は弁護士を通じて法定相続分や遺留分を主張してきました。

　さらに子供も養子に入っていたら、元妻は自分の分と子供の分も一緒に主張できます。Aさんの息子は一人っ子だったので、子供を引き取った元妻の取り分は実の息子より多くなってしまいます。

## 孫養子のケース

　妻に先立たれた資産家Bさん。同居している一人息子Cの孫Dを自分の養子にしました。養子縁組をしたとき、孫Dはまだ10歳。そんなとき、Bさんが急遽亡くなってしまいました。相続人は息子Cと孫のD。

　未成年である孫Dの親権者は養子縁組をしたことにより、祖父Bとなり、Bの死亡により、孫Dは親権者がいなくなった状態になってしまいます。注意しなければならないのは、実親であるCが自動的に親権者に復活しないということです。未成年者は法律行為を行うことができないので、家庭裁判所に「未成年後見人選任」の申し立てをし、「未成年後見人」を選びます。多くの場合は、実親がなることが多いのですが、遺産分割の場面ではさらに注意が必要です。実親Cと孫DはBの相続人同士。利益相反関係となるので、再度家庭裁判所に「特別代理人」の選任をお願いして、CとDの特別代理人とで遺産分割協議をすることとなります。

　ここで、さらに問題が生じます。特別代理人の選任を家庭裁判所に依頼する際に、遺産分割協議書の案も提出します。家庭裁判所は未成年者の権利を守ることを前提で内容を確認するので、遺産分割

は原則として遺産全体の法定相続分（今回は1/2）を確保しなければならないのです。ただし、絶対に1/2でなければならないわけではありません。合理的な理由があれば認められます（例えば、不動産全部をCが相続、孫Dは不動産を全くもらわない→その不動産を売却して、生活費にあてるので、便宜的にCにするなど）が、それを家庭裁判所に伝えて、遺産分割協議書の案を認めてもらう必要があります。

　安易に未成年者の孫を養子にしてしまうと、相続が発生する時期によっては、思わぬ事態を招き、結果、相続税対策になったのかという疑問さえ生じてしまいます。

## 知らないうちに相続人が増えていた!?

　養子縁組届を提出すると、役所からは本人確認と事実確認の問い合わせが来ます。しかしそれは当事者に対してだけ。だから、他の法定相続人には知らせずに養子縁組をすることができます。

　すると、どうなるか——。

　自分の兄弟の配偶者が、自分の親と養子縁組して、自分たちの遺産の取り分を増やしていた、なんて事件が起こります。

　例えば、被相続人が母親で、相続人が兄と弟のふたりだった場合。兄には知らせずに、弟の嫁が母親の養子に入っていたとしたら？

　いざ相続が発生したら、兄が知らなかったところで弟の嫁が相続権をもっている。兄にしてみれば、自分の取り分は1/2のはずが1/3になっていて、「なんで話してくれなかったの？　どういうことなの？」と不信感がわき、遺産分割でモメる原因になりかねません。

　養子縁組は、メリット・デメリットをよく考えてから実行するようにしましょう。

# アパート・マンション経営って本当に相続税対策になるの？

オモテ
知識
**賃貸アパート・マンション経営で、収入を得ながら節税できるぞ。**

ウラ
知識
**大きな借金付き物件、あなたの子供達は本当に引き継いでくれる？**

## 賃貸アパート・マンション経営が節税になるしくみ

「相続税対策にもなるアパート・マンション経営、いかがですか？」とあなたの所にも建築会社の営業マンがすり寄ってきていませんか？　どうしてアパートを建てると相続税が安くなるのでしょうか。それにはこんなカラクリがあります。

相続税を計算するために財産を評価する、というのは58ページで説明しました。この評価の計算は財産の形によってそれぞれ決まっています（103ページ参照）。現金や預貯金はそのままの金額で評価されますが、土地の相続税評価額は、その土地がどのように使われているかによって減額される部分があり、更地に比べ、アパートなどが建っている土地は評価額が下がります。

さらに、小規模宅地等の特例を使えば、条件にあてはまる部分を

50％も減額してくれます。また、アパートなどの建物は、満室であれば、固定資産税評価額の70％の評価額となります。アパートを建てると土地・建物ともに財産価値を下げることができるため、結果として相続税が安くなるのです。

## アパートの敷地は評価が安くなる？

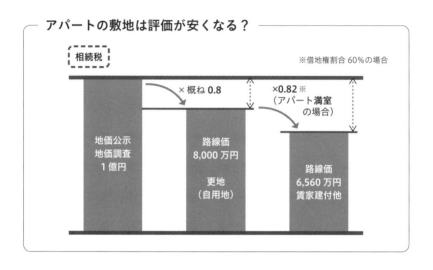

相続税　　　　　　　　　　　　　　　　※借地権割合60％の場合

| 地価公示 地価調査 1億円 | ×概ね0.8 → | 路線価 8,000万円 更地 （自用地） | ×0.82※ （アパート満室 の場合） → | 路線価 6,560万円 賃家建付他 |

## 節税対策（対策内容：賃貸建物の建築）

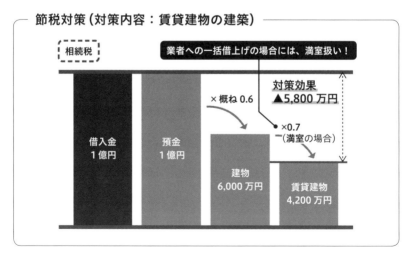

相続税　　　業者への一括借上げの場合には、満室扱い！

対策効果　▲5,800万円

| 借入金 1億円 | 預金 1億円 | ×概ね0.6 → 建物 6,000万円 | ×0.7 （満室の場合） → 賃貸建物 4,200万円 |

「借金をしたら節税になるんでしょ？」「借金が減っちゃうから相続税が高くなる」という声をよく聞きます。ですが、借金があるから相続税が安くなるわけではありません。

　例えば、財産が全くない人が1億円借りて、その1億円を銀行に預け入れ、返済をしないまま亡くなったらどうなるでしょう？　財産1億円−債務1億円＝0円で、結果は何も変わりません。

　つまり、借金をすることに意味があるのではなく、その借金を使って、別の形の財産に変えることに意味があるのです。その借金1億円がアパートの建築に使われれば、相続税評価額は1億円ではなく固定資産税評価額（建築費の50％〜70％）の70％になるのです（1億円×50％〜70％×70％＝3,500万円〜4,900万円）。

　さらにその敷地である土地も減額対象となるうえ、借入金はマイナスの財産として債務控除の対象となります。

　しかも、賃貸アパートですから、入居者は家賃を支払ってくれます。つまり、定期的・長期的に安定収入を得ながら、相続税を節税できるというしくみ。どうです？　おいしい話ですよね。

　でも「うまい話にはウラがある」という言葉通り、すべてのケースでそうトントン拍子に運ぶわけではありません。

## よくある失敗例

アパート・マンション経営を気軽に始めてしまったせいで、相続人に迷惑を掛けてしまったという例があります。

Aさんは、もともと持っていた5,000万円の土地に、5,000万円のアパートを建てました。生前、「このアパートの価値は5,000万＋5,000万＝1億円だ」と思っていましたが、いざ相続がはじまり、このアパートを相続した長男が土地付きアパートを売ろうとすると、6,000万円でしか売れませんでした。アパートは借金をして建てたものだったので、その売ったお金でアパートの借入金を精算すると、残った金額は元の土地代の5,000万円よりかなり低い金額です。

長男は「なんでこんな価値のないものを借金までして建てたんだろう、更地のままもらえたほうが高く売れたかもしれないのに……」とAさんをうらみました。

アパート建築は、相続税対策には有用ですが、売却の場面を考えると必ずしも得をするとは言い切れない場合があります。もともと、アパート建築をする人は、土地を持っていて有効活用を考えて行う人が多いと思います。先祖代々の土地をいかに守るか、その考えのもとに、手段の一つとしてアパート建築を選択されています。

一方、その下の世代は、地方から都会に出て働いている人も多く、実家に帰るという考えが少ないため、田舎の土地は手放してもいいと考える人が多いようです。

相続によって引き継いだアパートが、相続後、空室が多くなっていたり、劣化による修理が必要とみなされれば、なかなか思ったような金額では売れないものです。そのうえ、アパートの借金が多額

に残っていた場合には、売れたとしても手元に残るお金が少なくなることは明白。時には、借金の足りない分を追加で払わなければならないこともあるのです。

アパートローンは相続税対策のため、金額が多額、かつ、期間が長期にわたるものがほとんどで、そのローンは相続人が引き継ぐこととなります。アパート・マンション経営をされる際には、引き継ぐ下の世代の意見も聞いて、方向性を決めるのがよいでしょう。

## ワンルームマンション

ワンルームマンションを所有して、貸しているという人も多くいます。

ここに2つのワンルームマンションがあったとします。

どちらも相続税の評価額は3,000万円。物件Aは賃料月15万円、物件Bは月10万円、どちらを選びますか？

賃料だけを見れば物件Aを選びますよね。でもローンの残債や、築年数、修繕履歴を知らないと選べないというのが本当のところでしょう。実際には、大家的というか経営的な感覚がないと正しく判断できないことなのです。

相続させる側としては、同じような物件を相続人の数だけ持つという考え方もあるかも知れません。ですが、まったく同じ条件の物件、というものはありません。相続税評価額が同じだからといって、売る時の値段も一緒ではありません。同じような物件だからモメる心配もなし、とはならないのです。

## アパート・マンションも「経営」

　相続させる人は、アパート・マンション経営を始める前に、その土地の有効活用として、アパート・マンション経営以外の選択肢もあるのか否かをよく考えましょう。

　「それ以外の選択肢がない」という場合は、大きな借金をして建てることになりますから、前もって相続する側に相談すべきです。

　本当にそのアパートを相続人は欲しがりますか？

　ローンがいっぱい残っていて、修繕費などもろもろの出費があり、この先、家賃下落や空室リスクの残るアパート。

　相続人が「借金漬けの物件はいらないよ」と言うならば、土地を売るという選択も考えるべきかもしれません。


　アパート経営の際は、不動産管理会社にお願いすることがほとんどです。不動産管理会社に依頼する方法は、管理委託方式と一括転貸方式（いわゆるサブリースと呼ばれる方式）があります。

　管理委託方式は、家賃回収や入居者募集などを大家さんに代わって行い、その報酬として管理料や成約料を支払うというもの。一方、一括転託方式（サブリース方式）は、大家さんが管理会社にアパートを一括で貸し、管理会社が各入居者と個別に契約する方式をいいます。


　どちらの方法でも、大家さんは通帳を見て確認するだけ。実際に入居者募集をしたり、不動産を見て回り不具合がないかチェックしたりということは一切しないので、「あー家賃が入ってきた」「借金が引き落とされた」の繰り返しで、「差し引き、固定資産税以上にもらえているのでまあいいか」と、経営している感覚はゼロなんです。

気付いて欲しいのは、経営がブラックボックス化しているということです。

　不動産管理会社に丸投げだから楽な反面、修理も、管理も、何から何まで高いのは致し方ないことなのかもしれません。

　アパート経営をしている不動産をお持ちなら、相続させる側も、する側も、アパート経営の勉強を是非してください。相続税対策ではあっても、アパートやマンションのオーナーになるということは不動産賃貸業の経営者になるということ、と分かっておいてほしいのです。

ちょっとブレイク

## 脱税・節税・租税回避、何が違うの？

　似て非なる意味を持つ３つの言葉、その違いを正しく知っておきましょう。

・**脱税**…税金を払わないといけない要件がすべてそろっているのに、それを故意に隠して、課税を不法に逃れようとする行為。相続でいえば、金庫にお金があるのに隠して申告をする、預金を隠して申告をするなどです。バレないから大丈夫！　なんてことはありません。厳しい刑事罰もある、絶対にやってはいけないこと！　と心得て。

・**節税**…税法が予定している範囲内で、税負担を減少させようとする行為。相続でいえば、アパート経営などを行い、土地や建物の財産価値を変化させることがこれにあたります。

・**租税回避行為**…税法が想定していない形で、税負担を減少させようとする行為。課税要件をくぐり抜けるために、不自然で、不合理な取引を行ったりすることです。相続でいえば、タワーマンションを相続直前に買って、相続直後に売る。要件逃れのためだけの不自然な取引は、租税回避行為とみなされてしまいます。ただし同じ取引でも、合理性があれば租税回避行為とはみなされません。

# タワマン節税って
# 大丈夫?

オモテ
知識

**効果は薄れたけど、まだまだ行ける。**

ウラ
知識

**タワマン買ったら、税務署と相続人の両方に注意!**

## タワマン節税とは?

98

一時期お金持ちの間でブームになったので、興味をお持ちの方も多いでしょう。節税目的でタワーマンションの高層階の一室を買い、賃貸にまわす「タワマン節税」。

現金で1億円持っているとそのまま1億円分の相続税評価額となり、相続税がかかりますが、1億円でタワーマンションを購入すると相続税評価額が2,000万〜3,000万円になり、相続税対策になるというものです。

なぜそんなに評価額が下がるのか、そこには次の2つのポイントがあります。

## ○タワマンは土地の「持分割合」が非常に低い

→タワーマンションは戸数が多いのがミソ。土地の面積を按分する際、分母となる全戸の専有面積合計が大きいため、相対的に1戸の敷地の持分割合は小さくなります。

## ○タワマンの固定資産税評価額は販売価格に比べて非常に低い

→タワーマンションは、高層階へ行くほど眺望や日当たりといったプレミアが考慮され、販売価格が高額になります。しかし、相続税評価額は固定資産税評価額がベースとなり、そこではプレミアは考慮されません。高層階ほど相続税評価額と固定資産税評価額との乖離が生まれ、相続税評価額を下げることができるというわけです。

またタワーマンションを賃貸していると、「賃貸アパート・マンション経営が節税になるしくみ（91ページ参照）」でお話したとおり、貸していることによる減額もつかえます。

2018年以降、高層階の固定資産税評価額が引き上げられたため、その点では多少効果は薄れていますが、現在でも有効な節税方法です。

しかしリスクがないわけではありません。税務署に否認されたり、相続人の間でモメる可能性は依然として存在します。

## 税務署に否認されるリスク

　Aさんの父親は90歳、不動産取引など経験のないおじいちゃんでしたが、ある日、1億円のタワーマンションをポンと買って賃貸に出し、なんと翌月に亡くなってしまいました。他に相続人のいないAさんは、タワーマンションの購入額1億円ではなく、評価額の約1,400万円で相続税の申告をし、その後に1億円でタワーマンションを売りに出しました……。めでたし、めでたし？

　このケースで、税務署が黙っていると思いますか？

　亡くなる直前のタワマン購入は、税務署に「相続税対策でしょ」と否認されてしまう恐れがあります。

　以下のような場合は税務署から否認されやすくなるので注意が必要です。

・亡くなる直前にタワーマンションを購入
・相続後、すぐに売却

　このタワーマンションの購入が「租税回避行為」とみなされれば、相続税評価額の計算方法はさきほどご紹介した計算方法ではなく、購入金額をベースに相続税評価額が計算されることになります。結果、相続税対策にはならなかったとなるのです。

　やはり、どんな事象もストーリーが大事。「なぜそれを買うのか？」「どうして今なのか？」など、誰が聞いても納得するストーリーが描けないのであれば、それは「節税目的」だと指摘されやすくなってしまうのです。

## モメるリスク

　もしあなたが相続人で、財産目録に「タワーマンション1,000万円」と「定期預金2,000万円」とがあったら、どっちを相続したいですか？　そりゃあ預金の2,000万円のほうがいいですよね。

　例えば、ある兄妹のうち、兄が相続税評価額1,000万円のタワマンを、妹が2,000万円の預金を相続した場合、どういうことが起こるでしょうか。

　兄はその後タワマンを売って1億円をゲットなんてことが後々わかると、妹のほうは「タワマンをもらっておけばよかった！　お兄ちゃん、タワマンが1億円で売れること知ってて、隠してたでしょ!!」と思いますよね。遺産分割は、相続税評価額がベースではなく、時価がベースですから。

　せっかく税務署の指摘は受けず、無事、相続税対策ができたとしても、結果、残された相続人をモメさせることになってしまいました。

　もし買えるものならタワマン2部屋買っておけばよかった……、あるいはタワマンを買わずに、1億2,000万円を現金で残しておけばよかった……。

　多少相続税がかかっても、相続人同士がモメない方が大切という考え方もあります。

# 生前にお墓を買うのって 節税効果があるの？

オモテ
知識

墓地や仏壇など「祭祀財産」には相続税がかからないんだよね。立派なお墓を建てて、仏壇や仏具もキラキラの純金製にしちゃおう♪

ウラ
知識

その仏具は分相応？　税務署はチェックしていますよ。

## 効果ありだが、やり過ぎに注意

　墓所、仏壇、祭具などは非課税財産ですから、生前に買っておけば相続税はかかりません。

　例えば、課税財産が300万あったとして、その300万円で株を買ったら課税されますが、お墓を買っても課税されません。

　ただし、これは被相続人の生前に購入した場合のみ。相続がはじまってから、お墓や仏具を購入しても手遅れです。

　また「非課税なんだし♪」と、分不相応に高価な仏具を買うのはおすすめしません。地方によっては仏壇を豪華にする習わしの所がありますから、そういう場合はいいのですが、ごく普通の地味な仏壇に、純金の超高価なおりんを購入したら、「それちょっと不自然じゃない？」と税務署からチェックが入ることがあります。

# 相続税の評価って
# どうなっているの？

**オモテ知識** 評価方法は決まってるんだから、どの税理士が担当しても同じ評価額でしょ？

**ウラ知識** 担当する税理士によって金額が大きく変わっちゃうこともあります……。

## 財産の評価

　財産は基本的に、「相続時の時価」で評価することになっています。宝飾品や美術品、骨董品、車などの財産は、時価で評価します。複数の買取業者に査定してもらうことをおすすめします。

## 株の評価額に注意

　株の相続では要注意です。株の相続は、最初に換金してお金を分けるやり方と、自分で換金するやり方とがありますが、自分で相続してから換金するケースが多いようです。

　税理士の作る財産目録は、原則として相続発生時点の時価です。でも、分割するのはそこから時間がかなり経過しますから、株は値段が変わります。上がっていればいいですが、下がっていたら悲惨

ですよね。

## デジタル資産

　今後増えそうなのは仮想通貨やFXなどのデジタル資産です。

　デジタル資産も相続財産に加えて計算しますが、キーやパスワードがないと入れないですよね。仮想通貨ほかのデジタル資産を持っている方は、パソコンのデスクトップに「死んだら開けるファイル」を作るなど、必ず家族に調べ方を教えておきましょう。

| 財産の種類 | | 評価額 |
|---|---|---|
| **預貯金** | 普通預金 | 相続開始日の残高 |
| | 定期預金 | 相続開始日の残高＋源泉所得税額控除後の経過利子額 |
| **株式・債権** | 上場株式 | 相続開始日の終値、その月の終値の月平均額、その前月の終値の月平均額、前々月の終値の月平均額のうち、最も低い価額 |
| | 非上場株式 | 類似業種との比較や純資産などから計算して決定 |
| | 国債、社債など | 発行価額などから評価する |
| | 利付公社債 | 発行価格＋既経過利息の手取額 or 上場相場または気配相場＋既経過利息の手取額のいずれか低い額 |
| | 割引公社債 | 発行価格＋既経過償還差益 or 上場相場または気配相場のいずれか低い額 |
| | 証券投資信託 | 日刊新聞等に掲載された基準価格 |
| **権利** | ゴルフ会員権 | おおむね取引相場の70% |
| | 電話加入権 | 取引相場がある場合は取引価額、取引価額がない場合は国税局長が定める標準価額 |
| | 特許権、著作権 | 将来受け取ることになっている補償金や印税などから考慮される |
| | 生命保険契約に関する権利 | 相続開始日の解約返戻金相当額 |
| **その他の財産** | 美術品、宝石、骨董品、自動車、牛馬など | 売買実勢価格、専門家による鑑定額 |
| **みなし相続財産** | 死亡退職金 | 受取金額－非課税枠（500万円×法定相続人の数） |
| | 死亡保険金 | 受取金額－非課税枠（500万円×法定相続人の数） |

## 不動産の評価

不動産は土地、家屋などそれぞれの評価方法が決まっています。

| | 不動産の種類 | 評価額 |
|---|---|---|
| 土地 | 市街化地域と<br>その周辺の宅地 | 路線価×宅地面積　を補正した額 |
| | 路線価のない市街化<br>調整区域の宅地 | 固定資産税評価額×倍率 |
| | 貸宅地 ※1-1 | 自用地の評価額−（自用地の評価額×<br>借地権割合） |
| | 貸家建付地 ※1-3 | 自用地の評価額-（自用地の評価額×<br>借地権割合×借家権割合×賃貸割合） |
| | 農地 | 純農地・中間農地……固定資産税評<br>価額×倍率<br>市街地農地……宅地並みに評価した<br>価額−造成費<br>市街地周辺農地……原則として市街<br>地農地の80% |
| | 山林 | 純山林と中間山林……固定資産税評<br>価額×倍率<br>市街地山林……宅地並みに評価した<br>価額−造成費 |
| | 私道 | 不特定多数が利用の場合……評価0<br>特定の者が利用の場合……宅地評価<br>の30% |
| 土地上の権利 | 借地権 ※1-2 | 自用地の評価額×借地権割合 |
| | 地上権 | 自用地の評価額×権利の残存期間に<br>応じた割合 |
| 家屋 | 自宅 | 固定資産評価額と同額 |
| | 貸家 | 固定資産税評価額×（1−借家権割<br>合×賃貸割合） |

※1-1　自分の土地の上に第三者の家屋が建っており土地を貸している（有償）
※1-2　第三者の土地の上に自分の家屋が建っており土地を借りている（有償）
※1-3　自分の土地の上に自分の家屋が建っており家屋を貸しているときの土地

## 自分の土地の評価額の調べ方

ここでは宅地を例にとって考えます。

まずは、自分の土地が、市街化区域にあるのか、市街化調整区域にあるのかを確認します。固定資産税課税明細に「都市計画税」がかかっていたら市街化区域、なければ市街化調整区域です。

### ○市街化区域の場合

その土地か接している道路の路線価に、宅地の形などに応じた補正率をかけて修正した額に、所有している土地の面積を掛けます。

路線価は不動産価値の指標のひとつで、国税庁のホームページで調べることができます。

http://www.rosenka.nta.go.jp/index.htm

道路に面している部分が多ければ多いだけ評価額は上がります。土地が2面に接している場合は、基本は高い方を採用します。

### ○市街化区域ではない場合

路線価がついていない土地は、固定資産税評価額に一定の倍率を掛け、土地の評価額を計算します。

倍率は路線価図とおなじく、国税庁のホームページで調べることができます。

土地の評価はプロに任せれば、評価額を下げる要素を探して相続税評価額を下げてくれます。ただ、実際に相続が起こる前におよそどれくらい相続税がかかるのかを自分で計算するときには、そこまでの精度を求める必要はないので、概算計算でよいでしょう。

# 相続税の税務調査には
# どう対応すればいいの？

 **オモテ知識** 税務調査が来るんだって？　きゃー恐いっ！

 **ウラ知識** 税務調査？　きちんと対応すれば恐くないですよ。

## 税務調査とは

　税務調査は、税金の申告にもれや不備がないかを確認するため、税務署が行う調査です。なぜか恐いイメージを抱いている方が多いですが、通常は任意捜査で、決して恐ろしいものではありません。

### 強制調査

　「マルサ」で知られる国税局査察部が担当しているのが、強制調査です。脱税の疑われる納税者に対して、裁判所の令状をとって強制的に行う調査をいい、納税者はこの調査を拒絶できません。

　査察部は、納税に関する資料を押収できる権限を持っています。脱税行為が特定されれば、検察庁に告発され、その場合には刑事事件として立件されることになります。

### 任意調査

　一般的な税務調査のほとんどは、任意調査です。税務署から事前に連絡があり、日程調整をして臨みます。税務署からの申し出の日程が合わなければ、遠慮なく、別の日で調整すればいいのです。

　税務署の調査官は、税金に関する質問を納税者に行うことができる「質問検査権」を有しているため、納税者はこの質問に黙秘したり、虚偽の陳述をすることはできません。任意調査では、強制的に家中を捜索される、差し押さえをされるなどはありません。

## 税務調査の流れ

　調査の時期は、春（4〜6月）、秋（8〜12月）の年2回とだいたい決まっています。1〜3月は確定申告などで繁忙期、6月後半と7月前半は決算（税務署）と人事異動があるため、税務調査に割く人手がないからです。

### ○事前通知

　税務調査の標的が決まると、税務署の担当者は税務代理権限証書（「委任状」のこと）を出している税理士あてに、「●●さんの件で税務調査をしたいんですが……」と電話をかけて、調査の開始日時・開始場所・調査対象税目・調査対象期間などを事前に伝えます。税理士は相続人との間に立って日程調整をします。調査は原則として被相続人の自宅で行われ、被相続人と同居していた親族など、被相続人の生前の様子をよく知っている人の立ち会いが求められます。

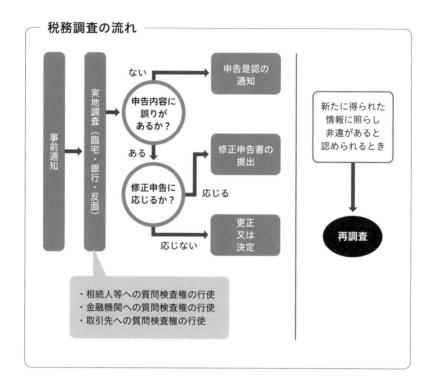

**税務調査の流れ**

- ・相続人等への質問検査権の行使
- ・金融機関への質問検査権の行使
- ・取引先への質問検査権の行使

## ○どんな人のところに入るの？

　税務調査が入りやすいのは、以下のようなケースです。

- ・申告した相続財産額と税務署が把握している額に差がある
- ・生前5年以内に多額の預貯金が引き出されている
- ・多額の借入金があるにもかかわらず、それに見合った財産がない
- ・配偶者や子供・孫名義の預金が収入と比較して多い
- ・海外資産を多く所有している

## ○準備をしておく

　税理士から税務調査の連絡を受けたら、税務調査の受け入れ準備をしましょう。あらかじめ書類を用意しておけば、本番の調査がスムーズになりますし、税務署員との受け答えの心構えができます。

### ・財産に関する資料

　預貯金通帳、生命保険証書、不動産の全部事項証明書、固定資産評価証明書、車検証、証券会社とのやり取りの資料など、被相続人のものはもちろん、相続人のものもできる限り用意しておきます。現在のものだけではなく過去の分も必要です。

### ・相続に関する資料

　贈与契約書、遺言書、遺産分割協議書など、相続に関する資料の提示を求められることもあります。

## 臨宅調査　当日のスケジュール

調査の当日は、おおむね下記のようなスケジュールで進みます。

調査は平日のみ。多くの場合、自宅での調査（臨宅調査）は1日で終わります。

### ・10時：税務署員が到着

調査官は2人以上のペアでやってきます。午前中はヒアリング。被相続人の趣味や生活ぶり、亡くなった時の状況など、さまざまなことを聞いてきます。これは単なる世間話ではなく、被相続人の生前の様子から、どうやって財産を築いたのか、どんな風に財産を使っていたのかなど、お金の流れを探るためです。

調査官は出されたお茶を飲むことはありますが、お菓子には手を付けることはほとんどないので、お茶菓子の準備は不要です。

### ・12時：昼休憩

昼にはいったん出て行き、1時間後に戻ってきます。

調査官の昼食の準備は不要です。もし出しても絶対に食べません。

### ・13時：書類を確認

通帳や生命保険証書などの書類を全部出してチェックします。貸金庫がある場合は銀行の貸金庫に一緒に出向き、中身を全部出して確認します。

税務署は銀行や証券会社の取引履歴の照会ができるので、税務調査に入った時点で、すでにお金の動きは知っています。それでも通帳を見るのは、手書きのメモなどを確認するためです。

### ・16時頃：終了

早ければ15時頃、遅くとも17時には終了して帰って行きます。

## 税務調査の目的

　彼らが知りたいのは、申告もれ財産の有無と、意図的な隠ぺいの有無、の2点です。これらをさぐるために、妻や子供・孫名義の預金はないか、定期預金などのお金の動き、専業主婦だった妻のへそくり、趣味や生い立ち、看病していた人は誰かなど、さまざまなことを質問してきます。

　申告もれ財産には次のようなものがあります。

・実質的に被相続人のものだった**名義預金**

・相続人への**生前贈与の不成立**

・相続税の申告対象からもれている**金融機関**

・相続財産として申告していない**手許現金**

### 名義預金

　「通帳は全部出して下さい」

　「旦那のだけじゃダメなの？」

　「ご家族の分も全部です」

　名義預金とは、妻や子供・孫の名義で預金しているが実質は被相続人の財産、というもの。誰がその通帳を作って、誰が管理しているかが争点です。

　調査時に自宅にあるすべての印鑑の提出が求められる場合もあります。例えば、孫の名義で作った通帳の銀行印が、被相続人がいつも認印として使っていたものだったと分かれば、その通帳は被相続人が生前、孫の名前で作ったものという確率が高くなってきます。

　すると、税務署としては、「その通帳はお孫さんの名義ではあり

ますが、被相続人のものではないですか？」、いわゆる名義預金に該当し「被相続人の財産として申告すべきものです」と追及してくることになります。

## 生前贈与の不成立

「奥さん、専業主婦だと伺っていましたが、どうしてそんなにお金があるんですか？　これ旦那さんのお金じゃないですか？」

「旦那にもらったのよ」

「そうですかぁ。では贈与税の確定申告してますか？　贈与契約書はありますか？」

へそくりを貯めたとなると、書面を作っていない場合がほとんど。贈与の立証は難しくなってきます。これは贈与ではなく、旦那さんのお金を預かっていただけと言われ、相続財産に含めてくださいと言われる場合もあります。

## 金融機関

「奥さん、このカレンダー、○○銀行のものですよね？」

「は、はい……」

調査官はめぼしいものを探して家の中をじろじろ見ます。

よく言われているのはカレンダー。年末のご挨拶でいただくカレンダーには、取引先金融機関のロゴや名称が入っていますよね。カレンダーがどこからもらったものかを見て、どの金融機関と取引があるのかアタリを付けるわけです。

ゴルフの写真が飾ってあったために、「ゴルフ会員権持ってるでしょ」と追及されたこともあります。

## 手許現金

「すみませんが、寝室を見せていただけますか？」

「えっ!?」

彼らは「家の中に現金があるのでは」と疑っているので、「現金を保管していた場所に行かせてください」と言ってきます。寝室に現金を保管している人も多いのですが、寝室でもおかまいなしです（あまりにプライベートな場合は遠慮してくれるようですが）。

金庫、押し入れ、タンスなども必ず「開けてください」と言ってきます。

## 臨宅調査の後

臨宅調査は基本的に1回限りです。その後は、税理士と税務署の間でやりとりが行われ、追加で質問があれば税理士を通じて回答します。

調査後の対応には是認・修正申告・更正があり、数週間後に伝えられます。

・是認……不備や申告もれが何も見つからなかったことを言います。提出した申告書に誤りがなかったということなので、特に手続きは必要ありません。手続きに関わった税理士としては、是認はとても誇らしいことです。

・修正申告……指摘された相続税申告の誤りを認め、みずから申告内容を修正して再度申告・不足分を納税します。不足分の納税と修正申告書の提出が終わると、税務署から延滞税などのペナルティの税金の納付書が届きます。この延滞税を安くするためにも、申告・納税はなるべく早めに行ったほうがよいです。

・**更正**……税務調査で調査官の指摘を受けたが、内容に納得できないので修正申告を提出しない場合、税務署側から処分されるもの。税務署から本来納めるべきだった税額プラス延滞税などの追加徴税額を通知されます。

　修正申告が納税義務者側から行う手続きなのに対し、更正は税務署側が行う手続きです。ここで大事な点は、修正申告は「自ら提出するもの」であり、一方、更正は「税務署からの処分」ということです。

　「処分」と聞くと、何か悪いことをしたかのように感じますが、実際には更正されたからといって、その後、税務署から不利益な取り扱いを受けるわけではありません。あくまでも、見解の相違があり、それが最後まで埋まらなかったというだけです。

　また、修正申告と更正では、支払うべき追徴税額も同じです。

　修正申告や更正の場合は、以下のような追加徴税が課せられます。

・**延滞税**……税金が定められた期限までに納付されない場合にかかる、利息に相当する税金です。

・**過少申告加算税**……申告税額が本来の金額より少なかった場合の追徴課税。本来の税額に対し10％（〜15％）加算されます。

・**重加算税**……仮装隠蔽など明らかに悪質と認められる場合は、本来の税額に対し35％（〜40％）加算されます。

## 税務調査に入られないための対策

　税務調査は必要な書類をしっかり用意して、きちんと対応できるようにしておけばまったく恐いものではありませんが、そもそも税務調査が入らないに越したことはありません。

　相続に慣れた税理士に依頼するなどして、税務調査が入らないような相続税の申告をしていくことが必要です。

### ちょっとブレイク

## 相続税がかかる人はどれくらいいる？
## そのうち、実際に税務調査されている人の割合は？

　国税庁の統計によると、平成29年の死亡者数（被相続人数）は約134万人、このうち相続税の課税対象となった被相続人数は約11万2千人で、課税割合は8.3％。つまり、亡くなった方100人のうち8人が相続税の申告が必要ということです。

　課税価格の合計は15兆5,884億円で、被相続人1人当たりでは1億3,952万円。税額の合計は2兆185億円で、被相続人1人当たりでは1,807万円です。相続財産の金額の構成比は、土地36.5％、現金・預貯金等31.7％、有価証券15.2％の順となっています。

　平成29年における税務調査の状況は、実地調査の件数が12,576件、このうち申告漏れ等の非違があった件数は10,521件で、非違割合は83.7％となっています。

　申告漏れ課税価格は3,523億円で、実地調査1件当たりでは2,801万円です。申告漏れ相続財産の金額の内訳は、現金・預貯金等1,183億円が最も多く、続いて有価証券527億円、土地410億円の順となっています。追徴税額（加算税を含む）は783億円で、実地調査1件当たりでは623万円となっています。

　税務調査にもトレンドがあり、最近は海外資産に関するものが注目されています。

　税務調査は決して恐ろしいものではないのですが、相続税は知識のある税理士のサポートのもと、最初から正しく納めておくに越したことはありません。

## Chapter**2** まとめ

　この章ではおもに「相続税」について、押さえておきたい基本事項をオモテ知識と、いわゆるハウツー本にはあまり書いていない（＝他の人が書けない）ウラ知識をお伝えしました。

　どんな物事にも必ず表と裏があります。こうすればいいという「対策」を知ると、すぐ飛びついてしまいたくなりますが、短絡的に動くのはけっこう危険！　と日々の実務を通して痛感しています。

　相続税対策を行う際は、相続する人の意見も聞きながら、目先の損得だけでなく、大きな目で見た「納得」を重視することが大切です。

それって思い込みかも!?
相続の常識 ウソ・ホント

## それってホント？
## それともただの思い込み？

　「そんなの常識だよ」と思っていたのに、実は単なる思い込みだったという体験は、誰でも一度や二度あるのではないでしょうか。

　この章では一般に「相続の常識」と思われていることが、実は思い込みだったという例をいくつかご紹介します。

　実際に体験してみたり、視点を変えてみたりすると、思い込みの枠が外れて、物事の真の姿が見えてくるものです。でも、普通の人がそこまで相続に関わる機会はほとんどないでしょう。

　この章では私のこれまでの相続サポート体験から、気になる事例をいくつか取り上げました。
　あなたの、相続における思い込みの枠を超えるヒントになれば幸いです。

ホント？　ウソ？

# 保険で
# 相続対策ができる

 **○　ホント**

> 85歳になる老父が、いつの間にか多額の保険に加入していることを知った種田さん。実家は裕福で、父が亡くなっても生活に困る人はいないため「保険屋さんにだまされたのでは……？」と気になって仕方がありません。

## 生命保険

　「生命保険」は色々あって複雑だと思われがちですが、基本は大きく分けて３種類しかありません。「定期保険」「養老保険」「終身保険」の３つです。

・**定期保険**……期間が満了すると保障がなくなる掛け捨ての生命保険。

・**養老保険**……満期になるまでは保障されるが満期になると満期金がおりる生命保険。

・**終身保険**……満期がなく死ぬまで保障される生命保険。

すでにリタイアした人が定期保険に入る意味はあまりありません。
養老保険は万が一の時の貯蓄と考えている方が多いでしょう。
相続対策では多くの場合、終身保険が使われます。

## 「普通の保険」と「相続対策の保険」の意味の違い

現役世代にとっての保険は、自分にもしものことがあった際に、
家族の生活を守るためのものですが、相続対策を考える世代はすで
に子供も独立し、持ち家のローンも終わりが見えているはず。何か
を守るための保険はもう必要ありません。

相続対策の保険は、「節税」と「遺したい人にお金を運ぶ手段」。
本人が亡くなったときに、受取人にお金を有利に渡すためのものです。

## 保険で節税するには

相続税の非課税枠を利用することで、相続対策ができます。また、
保険金の受取人を指定することで、お金を遺したい人に確実に遺す
ことができます。

### ・相続税の非課税枠

「500万円×法定相続人の数」が相続財産から控除されるため、
節税効果を狙って生命保険に加入するケースが多くあります。

### ・保険で遺贈

生命保険の受取人を指定することで、遺言と同じように遺したい
人に確実に相続財産を渡すことができます。とはいえ、誰でもいい
わけではありません。保険金詐欺を予防するため、生命保険の受取
人は原則として配偶者か二親等親族までと決められています。孫に

お金を渡したいとき有効な手段となります。

## 加入できるうちに入っておく

　生命保険は、加入できる年齢に上限が設けられているものがほとんどです。また年齢が上限に達していなくても、健康状態などで加入を断られる可能性もあります。

　また、「まだ相続対策は不要」とのんびりしているうちに、生活習慣病などの病気にかかってしまう恐れもあります。

　生命保険には入れるときに入っておくことをおすすめします。

## 生命保険「500万円の非課税枠」
## 「孫」は対象外なので要注意！

　「保険で遺贈」の項目にも書いたように、相続人でない孫にお金を渡したいと思って、死亡保険金の受取人を孫にするような場合、相続税に関して少し注意が必要です。

　死亡保険金は受取人固有の財産ではありますが、相続税の計算上、みなし相続財産として、相続税の対象となるのです。

　相続税の非課税枠、「500万円×法定相続人の数」があるから税金はかからないでしょ？　と勘違いする方がいるのですが、そうではありません。この非課税枠が使える人は、法定相続人だけなのです。つまり、孫がこの法定相続人ではない場合、もらった保険金全額が相続税の対象となります。ただし、孫養子であれば1枠増えた上で非課税枠は使えます。また、相続人でない人が財産をもらうと、相続税が2割加算されるというルールもあります（この場合、たとえ孫養子でも加算対象）。

　たとえ税金はかかっても孫にお金を残すことはできるので、遺したい人に確実に渡せるというメリットはありますが、税金がかからないという思い込みは間違いです。ご注意ください。

# 遺産の保険で
# まるくおさめたＡさんの話

　お母さんがすでに他界しているＡさん・Ｂさん・Ｃさんの３人きょうだい。このたび、お父さんが亡くなり、遺産を３人で相続することになりました。

　相続財産は、お父さん名義の自宅1,500万円のみ。
　長男Ａさんは、Ａさん自身が自宅で同居していたため、「自分が相続することでどうだろう？」と提案しました。

　弟Ｂさんと妹Ｃさんは、自宅は欲しくないけれど、自分たちにも1/3の権利があると思っています。自分たちは何ももらえず、Ａさんだけが相続することに納得がいかず、遺産分割がなかなか進みません。

　そんなある日、Ａさんが遺品を整理していると……、お父さんが知らないうちに入っていた保険の証書を見つけました。そこには長男であるＡさんだけが受取人（死亡保険金1,500万円）となっています。
　そこで、Ａさんは一計を案じました。「そうだ！　オヤジがかけてくれていた、この死亡保険金1,500万円をうまく利用して、遺産分割をまとめよう」と思ったのです。

　Ａさんは、弟Ｂさん・妹Ｃさんに死亡保険金1,500万円のうち500万円ずつを渡すことに。弟Ｂさん・妹Ｃさんは「お兄ちゃんは

全部きっちり分けてくれた」とＡさんの態度に感動して、感謝と尊敬の気持ちを抱くようになりました。そのお陰で、その後の話し合いはスムーズになり、分割協議はすんなりまとまったといいます。

　いかがですか？　こんな話を聞くと、いいお兄ちゃんだな、って思いますよね。
　でもよく考えてください。たまたまお父さんが掛けてくれていて、自分も知らなかった死亡保険金を、Ａさんは上手に利用しただけなのです。

　死亡保険金は、相続税の計算上はみなし相続財産として計算に取り込まれますが、そもそも受取人固有の財産です。
　もし、生前にお父さんが死亡保険金の受取人を３人に３等分としていたらどうでしょう？　死亡保険金の1/3である500万円は、Ａさん・Ｂさん・Ｃさんそれぞれの固有財産とされ、Ａさんはこれとは別に自宅1,500万円の1/3の500万円をＢさん・Ｃさんから請求されることとなります。

　これに対し、死亡保険金の受取人がＡさん１人の場合、1,500万円はＡさん固有の財産となり、自宅をもらう代わりの代償資金として、500万円請求される可能性があるところを、その保険金から支払ったというだけのことなのです。

**Check**

**2**

ホント? ウソ?

# 贈与するなら、孫への贈与が有利

## ◯ ホント

> 堀田さん（70）は、相続税対策のために自分の子供に贈与しようとしたところ、長男から「それだったらうちの子（孫）に贈与してよ」と言われました。子供に贈与するより、孫への贈与の方が有利だ、というのです。

126

### 3年内贈与加算のルール

　生前贈与は相続税対策に有効ですが、亡くなる前3年以内に行われた法定相続人に対する贈与は、相続財産に持ち戻して計算され、贈与がなかったことにされてしまいます。

　相続財産に持ち戻されないのは、亡くなる3年よりも前の贈与、または、相続で何ももらわない人への贈与です。

　そうなるとおじいちゃん、おばあちゃんが贈与したくなる相手は「孫」でしょう。孫は法定相続人ではないので、遺贈（遺言でもらう）や死亡保険金をもらわない限り、相続で何ももらわない人となるため3年内加算のルールに該当しないのです。

## 孫への贈与は目的を明確に

　「学資に使って欲しい」「留学費用の足しにして欲しい」など、孫への贈与は目的を明確にしてあげると、ムダ遣いを防ぐことができます。

　贈与したお金を使って、自分で学資保険に入ってほしいなど、贈与時に伝えることで、生きたお金の使い方ができるのではないでしょうか。

ホント？ ウソ？

# 遺言は
# エンディングノートでもいい

## ✕ ウソ

> 既に父親を亡くした高岡さんと弟は、実家で一人暮らしの高齢の母親に「遺言を書いておいてほしい」と頼みました。でも母親は笑って「エンディングノートに全部書いてあるからいいでしょ？」と言いました。

## エンディングノートは遺言書にはならない？

　注意したいのは、エンディングノートは法的に有効な遺言の形を成していないものが多い、ということです。

　遺言は書式を守っているかどうかが大事なので、どんなに立派な用紙に書いても、形式が整っていなければNG（逆に法的な形式が整っていれば、広告の裏紙でも何でもOK）。

　たまたまエンディングノートで書式が整っている場合には、もちろん有効ですが、思いを込めて一生懸命、遺言を書いても、法的に遺言の形式が整っていないため、せっかくの遺言のつもりが、無効になってしまうケースが多々あります。

## エンディングノートは書くべき！

　遺される家族への思いとともに財産のことをちゃんと問いかけてくれるような形式のエンディングノートがいいですね。財産の置き場所を書くとか、パスワード教えてあげるとか、必要なことをひとつにまとめることができていれば、遺された人が困らずに済みます。

　自分で書くのが面倒ならば、弁護士や税理士などの専門家に協力をあおいで、ヒアリングしてもらいながら埋めていくのもいいでしょう。

## 遺言書を準備しよう

　エンディングノートに「誰に何を渡したい」と書いてあれば、思いを伝えることにはなります。ただ、それはモメた時には法的な力を持ちません。だから遺言書を書いたほうがいい、いや是非とも書くべきだ、と私は思います。

　私は遺言書の内容をオープンにして書いた方がいい、というスタンスですが、「子供に財産を見せるとあてにされるから見せたくない」とオープンにしたくないという人も多いですね。

　でも……、「財産を持っているから良くしてくれる」というのが事実だとしても、それは悪いことではない、と思いませんか。裏を返せば、財産を見せて、手綱をちゃんと引いていれば、ある程度はコントロールできるというということですから。

　それよりも、死後に財産が見つかってモメる方が、悲しいと思いませんか。最後の最後まで、子供を守るのは親です。死後に遺産でモメないような遺し方、伝え方をするのは、親の最後の義務ではないでしょうか。

ホント？ ウソ？

# 遺言書があると
# 逆に相続が面倒くさい

遺言書の必要性を知り、少しずつ書き始めた滝沢さん。
ところがある日、息子に「遺言書があると、逆に手続きが
面倒くさくなる。法定相続分で分けていいなら、遺言なん
か書かないでくれ」と言われ、迷っています。

130

## 遺言書がある場合とない場合

　思いを伝える手段としての遺言書の重要性はCheck3でお伝えし
ましたが、手続きの簡便性という点でも遺言書は重要です。遺言書
がある場合とない場合では、遺産の分け方や手続きが違ってきます。
遺言書があったほうが、手続きは簡単に済みます。

## 分け方の違い

・遺言がある場合
　原則として、遺言で指定されたとおりに分ける。

・遺言がない場合

　法定相続人の話し合いで分ける。

・遺言が遺産の一部だけ指定している場合

　残りの遺産は法定相続人の話し合いで分ける。


## 必要な書類の違い

　(1)公正証書遺言で遺言執行者が遺言に記載されている場合と、(2)遺言書がなく遺産分割協議書がある場合を比較すると、次のように必要書類が異なります。

・**預貯金**（払い戻し）

| (1)遺言書がある場合 | (2)遺言書がない場合 |
|---|---|
| ①遺言書<br>②被相続人の戸籍謄本（原本）<br>　（亡くなったことが確認できるもの）<br>③遺言執行者の印鑑証明書（原本）<br>④金融機関指定の相続に関する書類<br>⑤被相続人の通帳・キャッシュカード・証書<br>　（喪失していても手続きはできます） | ①遺産分割協議書<br>②被相続人の戸籍謄本（原本）<br>　（出生〜死亡までの連続したもの）<br>③すべての相続人の戸籍謄本（原本）<br>④すべての相続人の印鑑証明書（原本）<br>⑤金融機関指定の相続に関する書類<br>⑥被相続人の通帳・キャッシュカード・証書<br>　（喪失していても手続きはできます） |

・**不動産**（名義の書き換え）

| (1)遺言書がある場合 | (2)遺言書がない場合 |
|---|---|
| ①遺言書<br>②被相続人の戸籍謄本（原本）<br>　（亡くなったことが確認できるもの）<br>③不動産を受ける人の住民票の写し<br>　（本籍地の記載のあるもの）<br>④不動産を受ける人の戸籍謄本（原本）<br>⑤固定資産税課税明細書（最新のもの） | ①遺産分割協議書<br>②被相続人の戸籍謄本（原本）<br>　（出生〜死亡までの連続したもの）<br>③被相続人の住民票の除票<br>　（本籍地の記載のあるもの）<br>④不動産を受ける人の住民票の写し<br>　（本籍地の記載のあるもの）<br>⑤すべての相続人の戸籍謄本（原本）<br>⑥すべての相続人の印鑑証明書（原本）<br>⑦固定資産税課税明細書（最新のもの） |

不動産の名義の書き換えは、相続（相続人）か遺贈（第三者）かによって必要書類が異なります。

・**相続登記**……相続人が単独で登記申請が可能。

・**遺贈登記**……登記権利者（不動産を受け取る人。受遺者）と登記義務者（相続人全員）または遺言執行者が共同で申請。

また遺贈登記の場合、遺贈者（被相続人）の登記上の住所と住民票上の住所が異なる場合、住所変更登記を申請しなければなりません。その場合の申請者は、遺贈者の相続人、遺言執行者、受遺者のいずれからも可能です。

ちょっとブレイク

## 相続登記と遺贈登記にかかる費用はいくら？

相続登記を行うには、登録免許税が必要となります。

・登録免許税＝
不動産の課税価額（千円未満切捨）
×税率0.4％（100円未満切捨）

遺贈登記の場合は、計算方法は同じで、税率が2％になります。

不動産の課税価額は、毎年送られてくる固定資産税の明細書でわかります（固定資産税評価額）。司法書士に手続きを依頼する場合は、これに加え、司法書士の報酬が必要となります。相続登記の場合、不動産取得税はかかりませんが、遺贈登記の場合はかかります。税率は3％（軽減措置なしの場合）となります。

# 財産が少ないから 財産目録は作らなくていい

## ✕ ウソ

大沢さんは、資産家の知人から財産目録の作成をすすめられました。幸いなことに借金はありませんが、財産もあまりないといった状態です。「こんな自分でも作る意味はあるのだろうか……？」と悩んでいます。

## 財産目録とは？

財産目録は被相続人の財産を一覧にしたリストです。

作るタイミングは、以下の2つです。

①被相続人が生前に自分で作る

②被相続人の死後、相続人らが作る

## 被相続人が作る財産目録

相続税対策が必要な方以外はあまり作っていないようですが、相続税がかからない場合でも、大まかにでも作っておくことをおすすめします。自分が死んでしまった後に、どんな財産があるか、遺産

の全容を調査するのは、相続人にとってはなかなか大変な作業だからです。

　不動産はどこに何があるか、預貯金や株はどうなっているかなど、プラスの財産はもちろん、借金などマイナスの財産についても財産目録に記載しておくことで、相続人の手間を減らすことができます。特に誰かの連帯保証人になっている場合には、その旨も記載しましょう。

## 相続人らが作る財産目録

　遺言がある場合は、遺言執行者には財産目録の作成が義務づけられています。

　遺言がない相続の場合、財産目録を作成する義務はありませんが、リストがないと遺産分割協議や相続税申告がやりづらいので、作成することが多いでしょう。

## 財産目録の作り方

　自分で財産目録を作ることは、自分の財産の棚卸し的な意味があります。さらに遺言を作るのであれば、財産目録を作ることによって内容を詳細に検討できる、という面もあります。

　財産目録に特に決まった書式はありませんが、204ページ以降に書き込みできる表を掲載しました。拡大コピーしたり、エクセルで同じような表を作るなどして、分かりやすいようにまとめておきましょう。

ホント？　ウソ？

# ウチの家族は
# 仲が良いからモメないはず

## ✕　ウソ

昔から家族仲が良かった小坂さん一家。子供達が結婚した後も結束は変わらず、夫が亡くなった際の相続もすんなり決まりました。小坂夫人は「ウチが遺産でモメるはずがない」と信じて、相続対策を先送りしています。

## 自分の子供しかいない時は大丈夫、かも？

　親世代の感覚では、自分たち夫婦とその子供が家族です。

　でもその子供達が結婚したら、子供にとっての家族は自分の配偶者と子供達になるでしょう。実の子供でもそうなりますし、その配偶者にとってはなおさらです。

　いざ相続が発生したとき、息子や娘は、血のつながった親族なので、お互いを気遣うような相続をしようとするかもしれません。

　でも、息子の奥さんや娘の旦那さんにとっては他人も同然ですから、「もらえるものはもらって」という感覚になるのは仕方のないこと。また、その時の家庭の状況によってお金が必要な時期（子供の進学など）だと、なおのことその感覚は大きくなると思います。

## 顔を合わせる機会を増やす

　モメるのを避けるためには、どうしたらいいのでしょうか。

　そのためには、家族で集まる機会を作るのが本当はいいんです。おじいちゃんおばあちゃんを起点に、ことあるごとに法定相続人となる家族がちゃんと集まる。そういう機会に会ってお互いをよく知っていると、自浄作用が働くはずです。

　普段、めったに顔を合わせない相手だと、「取れるだけとらないと損！」となりがちですが、お互い顔を合わせる機会が多いと、子供達、いとこ同士の仲も良くなってきて、「この子たちのためにも、あんまりモメないようにしよう」と自重する場合が多いのです。

　昔は当たり前でしたが、なかなかお正月にすら集まらなくなっている時代です。例えば誕生日やお正月に、生前贈与を兼ねてポンと大きめの金額を渡すとなったら、みんな大喜びで集まるんじゃないでしょうか。

　100万円を振り込まれてもあまり実感が持てない人も、1本、帯封のついた札束を渡されたら印象に残りますよね。

　渡すときには、しっかり贈与契約書も作りましょう。そして家族写真を残しておきます。

　もし税務調査が入っても、「おじいちゃんは毎年お正月とか誕生日には、ポンと100万円くれる人だったのよ」と、もらった側がさらっと言えたら、「分かりました」となるわけです。

## モメやすいのは二次相続

　相続には、一次相続と二次相続があります。お父さんとお母さんがいて子供ふたりといういわゆる標準世帯の場合、片方の親（多く

の場合はお父さん）が亡くなって、お母さんと子供ふたりが相続するのが一次相続。その後、残された方が亡くなって、子供ふたりの相続が二次相続です。

　お父さんが亡くなった時には、お母さんがいるおかげで丸く収まったのが、二次相続ではそうは行かないことがあります。

　兄弟は他人の始まりと言いますが、それぞれに配偶者がいて「もっともらえないの？」と口をはさんでくると大変です。

## キーパーソンは「次男の嫁」

　私の経験では、相続でモメるとき、姉妹でモメて旦那さんが出てくるよりも、男兄弟がモメて嫁さんが出てきた場合の方が紛糾します。

　やはり、女性の方が家計を握っているのでシビアです。相続人ではないのですが、「子供たちの教育にもお金がかかるでしょ。もらえるならもらわないと」と、半分相続人的な存在になります。

　特にうるさいのが次男の嫁。家を長男が継ぐなら、お金は半々にしたい、してもわらないと、という気持ちで権利を主張しがちです。

　逆に長男の嫁、夫が家を継いで自分は舅姑の世話をしてきた嫁は、「うちの夫は当然たくさんもらえる」と思ってますから、負けません。次男の嫁が強く出ようものなら、「何言ってんの、あんたの弟の奥さんは」と反撃をします。

　相続する立場としては、自分の配偶者と兄弟姉妹の配偶者の関係に気を配っておきたいものです。

# 弁護士を呼ぶのは
# 最後の手段

## ◯ ホント

　父の遺産をどう分けるか、話し合いの席を何度も設けた花沢さんたち兄弟ですが、どうにもまとまりません。とうとう弟が「もういい、今後は弁護士を立てるから！」と言い出しました。

138

## 弁護士を立てるときは絶縁の覚悟を

　遺産分割協議でそれぞれの主張が対立して、どうにもまとまらないときは、弁護士に相談すればいい、と思っている方もいらっしゃるでしょう。

　一方が弁護士を立てれば、利害が対立するもう一方も弁護士を立てざるを得なくなります。誰だって、弁護士対素人で戦うのはイヤですから。

　依頼された弁護士は、仕事として確実に法定相続分を主張します。法定相続分は決められていますので、双方の弁護士で中身をどう分けるかの調整をすることになります。

でも、弁護士のお陰で遺産がうまく分割できたとしても、当事者同士はそれで丸く収まるでしょうか。おそらく、感情的なしこりは残るでしょう。

　弁護士を立てるなとはいいませんが、弁護士を立てるところまでいくのは非常事態です。

　弁護士を立てるのは、本当に最後の手段。絶縁してもいい、今後はもう親戚付き合いがなくなる、くらいの覚悟をした上で依頼してください。

# 8

ホント? ウソ?

# 墓守は実家を引き継いだ
# 人だけがすべき

## ✕ ウソ

> 数年前に母を亡くした中野さん。相続でモメることはなく、現金を中野さんが、実家の土地と建物を姉が引き継ぎました。姉は墓守をしてくれていますが、最近「出費が多くて困る」とグチを言うようになりました。

## 大きくのしかかる負担

　墓守の負担を考慮しないと、相続が完了してから「こんなはずじゃなかった」とモメることがあります。

　相続の時にはあまり意識しない人も多いのですが、墓守は地方や宗派によっては、お坊さんを呼んで、お墓に行って管理をして……、多いと年間何十万円もの出費になります。しかも一度きりではなく、何年、何十年と続くのです。

　特に実家を相続して墓守もする、という場合、墓守のための費用が持ち出しになってしまうケースが目に付きます。あとから「こんなにかかると思わなかった」と言われる前に、「ありがとう」の気

持ちを込めて、墓守をしてくれる相続人には最初から余分に渡しておくほうがいいでしょう。

## 墓じまいは親から切り出す

　墓守ができる人がいなかったり、負担が大きかったりなどの理由で、今ブームとも言える墓じまい。ですが、誰でも自分の代で墓じまいするのは申し訳ないような気がしてしまうものです。

　終活の話が出たときに、親のほうから「墓じまいしてくれ」と言ってあげることも、考えてみてはいかがでしょうか。

ホント？　ウソ？

# 不動産は相続後に売ると安値で買い叩かれる

## ✕ ウソ

中村さんの父は都心に近い住宅街にマンションを1棟所有しています。他にめぼしい相続財産がないため、相続がはじまったら売ろうと考えていましたが、不動産に詳しい友人から「相続がはじまる前に売るほうがいい」とアドバイスを受けました。

## 不動産って相続前に売るべき？

　相続した土地が不要だから売りたい、相続税を支払うために売りたい。どちらの理由にしても、相続が発生した後に不動産を売る人が多いのは事実です。

　今の親世代には「先祖代々の土地を売ったらご先祖さまに顔向けできない」という感覚がまだ残っていますが、これからの世代はその感覚も変わっていくでしょう。

　相続する側からすると、現金のほうが分けやすいので、できるなら生きているうちに売っておいてほしい、という気持ちがあります。

「不動産は相続が起こった後に売ると安く買い叩かれる」と言われるのは、「早く売らないと相続税の支払いに間に合わないでしょ？しょうがないからウチが買ってあげるよ」と言ってくる不動産屋さんがいるからです。

　売るのをちょっと先に伸ばしたらもっと高く売れるかもしれない、情報を公開したら何社も手をあげるかもしれないという可能性があるのに、なぜ売り急ぐかというと、相続がはじまって10ヶ月以内に相続税の申告・支払いをしなければいけないという「10ヶ月ルール」があるから。

　それでは、もう少し高値が付くのを待つことにしたため、10ヶ月の間に売れず、納税が間に合わなかったら、どうなってしまうのでしょうか。

　申告書は期限内に出しても、納税が間に合わなければ、当然、延滞税が付きます。でも、不動産の売却額は大きいお金になることが多いので、少しの期間であれば、延滞税を払ってでも有利に売ったほうがいいのではないか、という考え方もできますよね。

## 申告と納税

　申告は申告書を出すこと、納税は税金を支払うこと。
　相続税に限らず税金は、申告と納税を分けています。
　一般的な感覚では支払いが大事なので「申告より納税の方が優先される」と思っている方が多いのですが、実は申告のほうが大切です。
　期限内に申告をしないと本来なら使える特例が使えなくなる、と

いった不利益があります。もちろん、申告と納税を一緒に行うのが一番なのですが、申告書だけは遅れないよう、期限内に提出するようにしましょう。

「でも、不動産の売却金額が確定しないと申告できないんじゃない？」と思う方もいるかも知れませんが、相続の場合は路線価をベースとした相続税評価額で申告するので、売値は全く関係ありません。先に申告だけしておいて、じっくり売ってもいいのです。

## 相続不動産の売り方

生前に売るにせよ、相続してから売るにせよ、不動産を売るには、不動産業者と「媒介契約」を結びます。媒介契約は3種類あります。

3種類の違いは、契約できる不動産会社の数と、自分で買主を見つけられるかの違いです。

### 専属専任媒介契約

1社のみ専任で依頼する契約。不動産会社が見つけてきた相手としか取引ができません。契約の有効期限は最大3ヶ月です。

### 専任媒介契約

専属専任媒介契約と同じく1社のみ専任で依頼する契約。この場合、自分で買主を見つけたときは、不動産会社を介さずに契約できます。

### 一般媒介契約

同時に何社もの不動産会社に仲介を依頼できる契約。自分で見つけてきた相手と不動産会社を通さず契約もできます。

相続だけでなく、不動産を売るときは、まず同じような条件の物件をネットで検索して相場観を得てから、査定を複数の業者に頼みます。だいたい3社に査定を聞くと、感覚がつかめます。

　よく50代以上の方は、「あの頃はこうだった」とバブルの話をされるのですが、そんなに金額が上がるわけはありません。今の世の中の相場を見てください。

　気をつけたいのは、相場より高く査定してくる不動産屋。値段に惹かれて専属専任媒介契約を結ぶと全然売れず、「頑張ったんだけど下げていきましょう」という交渉をしてくるので、結局時間がかかってしまいます。私も時々お客様に、「高値を狙っても売れなかったら意味がないですよ、どこかで決断しないと売れませんよ」というお話はしています。世の中、需要と供給がすべてです。特別な事情がなければ、高値の需要はあり得ません。

　不動産屋さんにとっては、相続はとてもおいしい仕事ですから、なかには「相続の案件で売りたい方がいましたら、ぜひお手伝いさせてください」と、会計事務所を回っている業者もいます。紹介すると、会計事務所にも紹介料が何パーセントかが入るしくみです。

　もちろん、会計事務所さんに丸投げして、紹介してくれる不動産屋さんにそのまま頼むのは楽で、決して悪いことではありません。ただし、もしお願いする場合は、「何社か見積もりを取ってください」と依頼したほうがいいでしょう。それが難しいようであれば、ご自身で、別の不動産会社に査定を依頼し、相場観を身につけておくことをおすすめします。

ホント？ ウソ？

# 成年後見人は
# 早めに付けたほうがいい

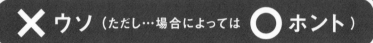

**✕ ウソ**（ただし…場合によっては **◯ ホント**）

橋本さんの年の離れた兄が、認知症を発症したことが分かりました。「今後のことを考えて、早めに成年後見人を付けたほうがいい」と病院でアドバイスを受けたそうですが……。

## 認知症の方が相続人にいると……

　認知症や知的障害などの程度によっては、自分で意思決定ができないため、成年後見人を付けなければ遺産分割協議が進まなくなってしまいます。

　成年後見人を付けると決めてから、成年後見人が決まるまでは、医師の診断や手続きなどで通常2〜5ヵ月ほど。その間、遺産分割協議がストップしてしまうことを考えたら、早めに成年後見人を付けておいたほうがいい、とアドバイスをする方もいるようです。

　成年後見人が遺産分割協議に参加する場合、民法で定められた義務にしたがって、法定相続分をきっちり主張するということになります。

## 親族後見と職業後見

　かつては、親族が選ばれる親族後見人が9割を占めましたが、現在は7割が司法書士などによる職業後見人となっています。

　親族後見人は基本的に無償ですが、職業後見人には報酬が発生します。裁判所が示している基本報酬は、被後見人の財産の額によって以下のようになっています。

| 被後見人の財産額 | ①月額 | ②年間　①×12 |
|---|---|---|
| 1,000万円以下 | 2万円 | 24万円 |
| 1,000万円超〜5,000万円以下 | 3〜4万円 | 36〜48万円 |
| 5,000万円超 | 5〜6万円 | 60〜72万円 |

　親族後見人は、家族なので無償で行う場合が多いようです。

## 夫のお金であっても引き出せない

　43ページで説明したとおり、成年後見人がつくと、たとえ本人であっても自由に財産を処分できなくなりますし、周囲の親族も成年後見人の同意なく勝手に使用することができなくなります。

　認知症を発症した夫の預金から年金を引き出して生活していた妻も、成年後見人をつけたばかりに、お金の引き出しができなくなり、生活が一気に苦しくなることも実はあるのです。夫名義の通帳や銀行カードなどは、すべて成年後見人に提出して、成年後見人が管理することになります。夫の預金からお金を引き出したいときは、いちいち成年後見人に相談して許可を得なければならなくなるのです。

さきほどの表でも見たように、成年後見人の報酬は被後見人の財産額に比例するので、成年後見人は財産を減らさないことを優先し、生活費として毎月10万円程度しか渡してくれない、ということも起こりうるのです。

　しかも、一度つけてしまった成年後見人は、その状況が改善されない限り、外せません。被後見人が奇跡の復活を遂げて、意識を取り戻すとか、認知症がなくなるといった改善をしない場合は、死ぬまでずっと成年後見人に財産を握られ、報酬を払い続けなければならなくなります。

　「認知症や知的障害 ＝ すぐに後見人」と考えるのではなく、制度を利用する前にメリット・デメリットをよく検討することが、何よりも必要となります。

　最近では最高裁が方針を変えて、親族後見の方が望ましいという見解を出しました。親族後見を認めて司法書士の先生など後見監督人をつけ、大きな取り引きなどはその監督下で行うという方向に今後はシフトしていくのではないでしょうか。
　ただし、親族から横領の危険性がある場合は、とにかく早く成年後見人を選任して家庭裁判所の保護に置くことをおすすめします。その意味では、何に優先順位を置くかで答えが変わるので、くれぐれも慎重なご判断を。

# 財産目録の作成も、
# 税理士に任せれば安心

## ✕ ウソ

土屋さん宅では、相続税評価額1,000万円のタワマンと現金1,000万円の相続財産があり、兄がタワマンを、弟が現金を相続しました。数年後、兄はタワマンを売って１億円ゲットしました。弟は相続のやり直しができないなら、兄からいくらか贈与して欲しいと考えています。

## 税理士は税金のプロ

　相続税評価額で平等に分けたつもりが、かなりの差が付いてしまいました。「税理士は税金のプロだから、財産目録作りもお任せできるはずだ」と思い込んでいたため、思わぬ落とし穴にはまってしまった一例です。

　一般的に税理士が財産目録を作るとき、土地など評価が必要な財産は相続税の計算で考えます。

　しかし、相続税の価格と実勢価格（時価）の間には開きがあります。特に都心の不動産などは、相続税の評価額とかけ離れた価格で

取引されているのが普通です。

　不動産の中でも土地は、「一物五価」と言われるほど、いろいろな価格が存在します。遺産分割の際は、「実勢価格」つまり時価で考えるのが原則です。それなのに多くの税理士には、「遺産分割を時価でやらなければいけない」という感覚が欠けています。税理士が作る財産目録に記載されている金額は、あくまでも相続税計算のための金額。そのことをしっかり説明してくれる税理士はそう多くない、というのが実情なのです。

## ミスリードから身を守るには

　相続税評価額と時価を混在してしまう税理士のミスリード。

　税理士から財産目録が出てきたら、「この金額で実際に売れるんですか？」と聞いてみたほうがいいですね。

　たいてい「そういう金額ではありません。相続税の計算のための金額です」と答えて、おしまい。私の本を読んで学ばれたみなさんなら、それに対して、「遺産分割協議って本当は時価でやるんですよね」と言いたいところですが、普通はなかなか言えないですよね。

　そんなとき、どうしたらいいのでしょうか？

　ストレートに税理士に、「時価の参考を不動産屋さんに聞いてもらえませんか」と依頼すればいいんです。「1社では偏るので、2・3社聞いてもらえますか」とお願いすれば、だいたい相場が出てくるわけです。

　税理士にそんなこと頼んでいいの？　と思われるかもしれませんが、いいんです！　普通の税理士なら、お願いすればやってくれると思います。逆に、頼んでもやってくれない先生はやめたほうがいいでしょう。

私だったら……、お客さまのご了解を得たうえで、「だいたいこのくらいで売れますよ」と査定を先に出して、もしご希望があれば、販売、確定申告までワンストップでお手伝いさせていただきます。それがお客さまのためになると思うので。

でも残念ながら、そういう税理士はほとんどいません。大多数の税理士が「時価」という感覚を持っていない、と思って財産目録を見た方がいいでしょう。

ちょっとブレイク

## 土地の価額 「一物五価」 って何？

土地には、以下の5つの価格が存在しています。それぞれの価格が大きく異なるので、トラブルの元にもなりうるわけです。

・**公示地価**……地価公示法に基づいて国土交通省が発表する土地売買の目安となる価格。毎年1月1日を基準日として、3月に発表される。

・**基準地価**……各都道府県が発表する土地売買の目安となる価格。公示地価を補う目的で、毎年7月1日を基準日として9月に発表される。

・**固定資産税評価額**……各市町村が発表する固定資産税を支払う基準となる価格。3年に一度の評価替えがあり、公示地価の約70％相当。

・**路線価**……国税庁が発表する相続税・贈与税の税額計算をする際の価格。毎年1月1日を判定の基準日として評価するもので、7月に発表される。公示地価の約80％相当。

・**実勢価格**……実際に土地の売買が行われる価格。いわゆる「時価」。

ホント？ ウソ？

# 銀行の節税提案を
# 信じちゃだめ

○ ホント

> メインバンクから相続税対策の提案を受けている河原さん。「銀行の言うことなら間違いはないはず」と思ってはいますが、本当に信じて良いの？ と、家族から疑いの目を向けられています……。

## 銀行は銀行のための提案をする

　銀行は預金者がいくらの預金をもっているか知っています。つまり、節税が必要な人を狙い撃ちしてきます。

　もちろん彼らも商売ですから、自分たちが儲かるという視点は欠かせません。

　「遺言、書きましょう」と銀行がすすめるのは、遺言執行者を銀行に指定すれば、遺言執行報酬があるという理由です。同じように、銀行が紹介する保険に入れば、彼らに手数料が入ります。不動産を売っても、資産を組み替えても、投資信託に入っても、同様に手数料が入る仕組みです。

提案書もフォーマットが決まっていて、自分たちが売りたいものを持ってくることがほとんど。そのため無駄な提案もありますが、結果として本当に役に立つこともあります。

## 生命保険は検討すべき

保険を使った節税については122ページにも書きましたが、銀行が持ってくる節税提案について、前向きに検討すべきは生命保険です。「500万円×法定相続人の数」だけ相続税を節税できることになります。

注意したいのは、銀行は「節税」の視点だけで提案してくるということです。誰に何を遺すか、分け方についての話はまったくしてくれません。

121ページにも書きましたが、保険はとてもいいものです。ただ、随所でお伝えしている通り、保険に限らず、相続の場面では節税のことだけを考えているとモメる原因にもなりかねません。全体をしっかりと見据え、誰に何を遺すのかをよく考えて利用しましょう。

## 経営者の場合

会社の規模が大きくても小さくても、うまくいっていれば銀行は何かしらアプローチはしてくるものです。

多くの会社が、銀行から借りて事業をしていますから、銀行には会社の情報を開示しています。つまり、銀行は会社の財務状況が分かっています。そのうえで、きっちり返してくれている、しっかりした会社には、例えば「持株会社を作って自社株の価値を下げて、相続に備えましょう」といった提案などを持ちかけてくるのです。

一概にそれが悪いというわけではありません。「銀行の提案なら、間違いないはず」と鵜呑みにするのはどうだろうか、セカンドオピニオンを入れた方がいいかもしれない、ということです。

　実際に、私にも銀行からの提案を見てほしいというお客様からの依頼が多くあります。節税だけでなく、ビジネスに支障をきたさないか、一度選択した方法を変更できるだけの柔軟な方法か、といったさまざまな側面を総合的に考えて、意思決定することが必要です。決して「節税」だけで決めてしまわないようにしてください。

ホント？　ウソ？

# 「何も相続しない」とハンコを押せば借金はチャラ!?

渡辺さんの父は、1棟のマンションと借金（建築費用）を残して亡くなりました。相続人は渡辺さんと実の兄だけですが、渡辺さんは借金を負うのが嫌なので、「何も相続しない」とハンコを押しました。これで借金とは無関係になったと渡辺さんは安心しています。

155

## 相続にはマイナス財産もある

　相続の対象になるのは預金や不動産など、プラス財産だけではありません。借金などマイナス財産も相続の対象となります。

　人間の心理として、マイナス面は隠したいもの。特に親は子に格好をつけたいものですから、消費者金融から借りているとか、誰かの保証人になっているという事実は、できれば見せたくありません。

　とはいえ、隠されておくと困るのは相続人です。きちんと棚卸しをして、財産目録を作り、伝えることが大切です。

## コワい根保証

被相続人が多額の借金の保証人になっていた場合、相続放棄の手続きを取るケースが多いですが、厄介なのが根保証です。通常の保証契約は、借りている人が全部借金を返した時に終了します。ですが、根保証はその後も続くのです。根保証は、継続的に発生する債務についての保証。つまり、保証されている相手が同じ相手から借金を新しく借りる時に、約束した金額の枠内（「極度額」といいます）でずっと保証し続ける契約です。

さらにコワいのが、根保証人にはいくら借りているのかという現状が分からないということです。日常的に根保証が利用されるのはビジネス上の事業資金の借入が多いのですが、会社経営に全く関係ない方（例えば、親戚や友人）が、根保証人になる場合も少なくありません。

根保証は、よほどの関係でないとありませんから、相続人が知らないということはないとは思うのですが……、親が生きているうちに一応確認しておくことをおすすめします。

## 借金は分割できない

遺産分割はプラス財産しかできません。借金などマイナスの財産は、相続人の間では分割することは可能ですが、民法上は債権者に対して主張できず債権者から法定相続分どおり請求されます。

例えば、借金が1,000万円あったとして、「兄が1,000万円引きついで、弟は0」と分割協議書に書いても銀行には関係なし。銀行は各人500万円ずつとカウントして、弟のところにも借金の返済を迫ります。

こういった債務引受を「重畳的債務引受」といいます。これを片

方だけが借金を負う「免責的債務引受」に変更したい場合は、銀行と相続人の間で免責的債務引受契約が必要です。

　銀行に「財産をこういう分け方にしたいので、借金はこのようにさせてください」と申し出ます。例えばマイナスの財産はすべて兄、プラスの財産はすべて弟という内容では、銀行は絶対に納得しません。銀行は、「債務引受の割合を100：0とするなら、財産も100：0もしくは、これに近い割合で分けてもらわないと困る」と考えます。弟は相続で財産をどれだけ持って行くか、兄が元々どれだけ財産を持っているか、確認しないとOKを出せません。銀行の立場に立てば当然のことです。お金をちゃんと返してもらえるかどうかが確認できなければ、どちらへも催促できる状態をキープしたいと思いますよね。

　この問題が出てくるのは、アパート経営です。

　相続人の間では、アパートを相続した人に、そのアパートの借金も当然相続してほしいですよね。そのため免責的債務引受となるよう銀行に申し出をすべきなのですが、多くの税理士が債務引受の知識がないため、このことを相続人に伝えていない、という現状があります。

　また、借金の借入先によっては、相続人の住所地が問題となる場合があります。いわゆるメガバンクであれば、全国に支店があるので気にすることはありませんが、農業協同組合、地方銀行や信用金庫など、営業地域が限られている金融機関では、借金を引き継ぐ側にも職業や居住地などの制約を設けている場合があります。この部分の確認をせず、遺産分割をした結果、遺産分割をやりなおさなければならないなんてことも考えられます（場合によっては「借換」で対応することもあります）。

借金がある場合は、金融機関に確認をとりながら、遺産分割を進めていくことをおすすめします。また、借金をしている人が遺言書をつくる際は、こういった点を考慮し、スムーズに相続できるよう配慮しておきましょう。

## 相続放棄は家庭裁判所で

　相続放棄については16ページでお伝えしました。

　私の周りでも、「私も相続放棄したよ。嫁いだ身だから何ももらわないってハンコを押したもの」と言われる方が多くいます。

　ですが、これはよくある勘違い。「遺産分割で何ももらわない＝相続放棄」ではないのです。これは、法律上の相続放棄とは異なり、「0（ゼロ）円で納得しました（事実上の相続放棄）」という意味です。

　借金がない場合は、0（ゼロ）円で納得でも問題ありませんが、借金がある場合、相続放棄にはなっていないので、借金は引き継いでいます。

　財産も引き継がず、借金も引き継がない、としたければ、自己のために相続開始があったことを知ったときから3ヶ月以内に、家庭裁判所で手続きをする必要があります。

　気をつけたいのは、誰かが相続放棄すると、その人は最初から相続人ではなかったとみなされて、法定相続人が変わってしまうということ（ただし、相続税法上は相続放棄をしても法定相続人の数は変わりません）。

　重要なポイントは、相続権は移動するということです。子供（第一順位）が全員相続放棄すると、相続権は第二順位の父母へ移り、

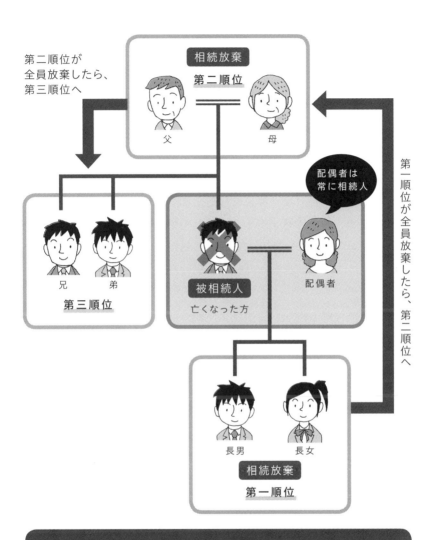

第二順位が
全員放棄したら、
第三順位へ

相続放棄
第二順位
父　　　母

配偶者は
常に相続人

兄　弟
第三順位

被相続人
亡くなった方

配偶者

第一順位が全員放棄したら、第二順位へ

長男　　長女
相続放棄
第一順位

同順位者が全員、相続放棄をすると次の順位者
［ 第一順位 → 第二順位 → 第三順位 ］
に相続が移ります。

父母が相続放棄すると、第三順位の兄弟姉妹へと移っていきます。

　したがって、相続放棄をする場合は、第一順位、第二順位、第三順位の法定相続人全員が、相続放棄をすることが求められます。

## 相続放棄しても受け取れるもの

　多額の借金であっても、例えばマンション経営など収益が見込まれる場合は、相続放棄は慎重になったほうがいいかもしれません。

　ところで、相続放棄をするとまったく財産を受け取れないのかというと、実はそうではありません。お香典や埋葬料、遺族年金、未支給年金は、相続放棄をしていても受け取れます。

　また、被相続人の死亡により受け取る死亡保険金は、保険金受取人の固有の財産であるため、相続放棄をした場合でも受け取れます。

　ただし、「みなし相続財産」として相続税の課税対象になります。また、相続を放棄した場合は相続人とはみなされないため、生命保険金の非課税金額の適用を受けることはできないので注意が必要です。

## Chapter**3** まとめ

　この章では「相続のウソホント」として、常識と思っていることが、状況によっては当てはまらないこともある、という場面をいくつか見てきました。

　相続では、すべての人に当てはまる「正解」はありません。いや言い換えれば、相続の数だけ正解があるということでしょう。

　周囲から見てどんなに不公平でも、当事者が納得していれば、それがその人たちにとっての「正解」です。

　あなたの相続の正解はどんな形でしょうか。現時点での答えを表現しているのが、遺言書ではないかと思うのです。

# あらためて聞きたい！
# 相続のソボクな疑問

## 今さらこんなこと
## 聞いても、大丈夫？

　この章までに、相続の基礎知識（1章）、相続税のあらまし（2章）、誤解しやすいポイント（3章）などについて、お伝えしてきました。

　ここまで読んでくださった皆さんは、相続についてさまざまな情報をインプットした状態です。

　でも、相続のことを具体的に考えれば考えるほど、「じゃあ、こんな場合はどうなるの？」「あれがこう変わったら、どうなっちゃうの？」と、素朴な疑問がどんどん出てきたりしませんか？

　この章ではそんな「相続の素朴な疑問」について、例をあげてお答えしていきましょう。

# 弁護士さんに
# 頼まないほうがいいの？

**Q** 相続でモメても、安易に弁護士さんに頼るのは避けたほうが
いいと聞きました。本当ですか？

**A** 弁護士さんを頼らずにおさまれば、そのほうがいいですよね。

## 「出るところに出る」か否か

「弁護士さんって……？」と聞かれれば、「できれば頼まない方が
いい」と答えます。法テラスや初回無料相談の弁護士さんに、個人
的に相談に行くのはいいのですが、相手との交渉に「弁護士」とい
う言葉を出した時点で、相手は「出るところに出る気なのか」と思
います。相続を円満におさめたいときは、あまりおすすめしません。

弁護士さんの使命は、依頼者の立場に立った正当な利益を実現す
ることです。だから、弁護士さんに相談すると、「絶対もらえますよ、
主張すべきです」となります。もし頼むのであれば、関係の断絶が
前提。「人間関係を壊しても、権利はしっかり主張したい」という
時の最終的な手段と考えてください。

## 「法定相続」の勘違い

　よくある勘違いが、「法定相続分できっちり分けなきゃいけない」という思い込みです。法律で定めた相続分という字面から、つい強制力があるように感じてしまうのかも知れませんね。でも、そうではないんです。法定相続分は権利であって、それ以上もらえないこともあるし、それ以下になることもある。お互いが納得していたら法定相続分に従わなくてもまったく問題ありません。

# 家族での話し合い、うまく始めるコツは?

**Q** 相続をどうしたらいいのか、父が元気なうちに話し合っておきたい、と思うのですが、短気な父から「縁起でもない」と怒られそうです。どのように切り出したらいいのでしょうか?

**A** 「相続」の話ではなく、「相続税」の話をしてみてはいかがでしょう?

## デリケートな話題

「"相続"という言葉は縁起が悪い」と嫌われていた時代もありました。死ぬことが前提の話ですから、デリケートにもなるでしょう。

子供世代から「相続のこと、そろそろ話し合った方がいいと思うんだけど」などと言い出すのはダメ、完全にタブーです。「俺が死ぬのを待ってるのか!? 俺の財産が目当てなら、もう会いに来るな!」となってしまいます。

## 相続ではなく、相続税を話題に

子供の側から親を傷つけずに相続の話をするコツは、相続とストレートに言うのではなく「相続税ってうちはかかるのかな?」と話

題にしてみるといいでしょう。

　相続税の話題なら、親も悪い気はしないでしょうし、自分は相続税がかかるのだろうかと興味を持っている親世代は多いので、きっかけにもなりやすいです。

　実際、私のところに「自分は相続税がかかるのか」と相談に来る高齢の方が多くいらっしゃいます。相続税がかからないことも多いですが、「実は大切なのは相続税よりも財産の分け方ですよ」とお話しすると、「そうですね！」と気づく方が多いです。

# 遺産分割協議で
# モメないために
# どうしたらいいの?

**Q** 父が遺言を書かずに亡くなりました。相続財産が多いわけで
はないのですが、遺産分割協議でゴタゴタしそうです。モメて
親族が断絶するのを避けるには、どうしたらいいでしょう?

**A** モメたくないなら、まとめ役の人が私利私欲を捨てて平等に
徹することが大切です。

## 遺産分割協議は一度でキメたい

遺言がない場合、遺産分割協議をすることになります。

遺産分割協議でひとつのテーブルにつくことで、疎遠だった人同
士が旧交を温めたり、もともと仲の悪い親戚が仲良くなったり……
なんていうことは多くはありません。気持ちのこじれがなかったら、
その先も関係は続くかもしれませんが、どこかで妥協してハンコを
押す場合がほとんどです。"ある程度で妥協する"とドライに割り
切って、臨むことをおすすめします。

遺産分割協議で一番モメないパターンは、遺産分割協議の席に、
遺産分割協議書案を用意しておき、各自が実印と印鑑証明を持ち
寄って、その場でハンコを押して済ませるというやりかたです。

みんなで決めて、その場では納得しても「一度持ち帰って考える」となると……、だいたい一回ですまなくなります。家に持ち帰ると、それぞれの嫁（旦那）の意向が出てくるからです。「もっともらえるんじゃないの？　次男の進学でお金がかかるんだから……」などと言われて、モメてしまいがちです。

## 印鑑を押してくれない人がいる場合

全員が印鑑を押した遺産分割協議書ができれば、遺産分割協議は終了です。

しかし、一人でも遺産分割協議に納得できない人がいて、印鑑を押さなかったら……、遺産分割協議は終わりません。

そういった場合でも、相続税の納付期限が延長されることはありません。期限内（相続があったことを知った日の翌日から10ヵ月以内）に相続税の申告・納税をしなければなりません。

## 後で財産や借金が出てきたら？

10ヵ月を過ぎてから遺言書が発見されたり、新たな相続財産が見つかったりした場合は、修正申告書（もともと申告書を出している場合）、または期限後申告書（もともと申告書を出していない場合）を提出します。

遺産分割協議が終了した後に新たに財産や借金が出てきたら、本来ならその分をどう分けるか話し合いをして、遺産分割協議書を書かなければいけません。そうなると大変手間がかかるので、実務では「後日発見された財産又は債務については、相続人●●が取得又は負担するものとする」という一文を入れておくことが多いです。

## 大切なのは納得感

　私は、今までいろいろな相続に関わってきましたが、モメずにうまくおさまった相続には共通することがあります。それは、相続の主導権を握っている人、窓口に行って手続きをする人が、私利私欲に走っていないということです。各相続人が自分だけの利益を考えず、お互いを思いやった発言や行動をしていれば、みんなが納得する相続ができるはずです。

# もしも相続人の誰かが、相続税を支払わなかったら?

**Q** 実家を引き継いだ兄が、相続税を支払っていないことが発覚しました。弟である私が払わなければならないのでしょうか?

**A** 相続税は相続人全員で連帯納付の義務があります。

## 相続税の連帯納付義務

　もしも、相続人の誰かが相続税を払わなかったらどうなるでしょうか。

　62ページで計算したとおり、一人一人の相続額から相続税の負担額は決まってきます。しかし、同じ被相続人の財産を受け継いだ相続人の納付義務は、一人一人が負うわけではありません。相続した財産の範囲内で連帯納付義務が生じます。

　例えば兄弟で遺産を分けて、長男と次男にそれぞれ100万円ずつの相続税が生じたケースで、長男は相続税を払ったのに、次男は相続税を支払えない……となった場合は、次男が支払う予定だった100万円の相続税は、長男が納付しなければならない、となってしまうのです。

　ただし、連帯納付義務があるのは「相続した財産の範囲内」です。もしも、それぞれの相続額に差があって、長男の相続財産80万円(相

続税10万円)、次男の相続財産8,000万円（相続税1,000万円）の場合であれば、長男は80万円以上は支払う義務はありません。

連帯納付義務を発生させないために、遺産分割協議をする際にその人に相続税が支払えるかどうかを確認する必要があります。多額の借金などで相続税の支払い能力のない人には、相続財産の中から納税資金を天引きして渡す、はじめから相続財産を渡さない、などといった自衛策をとるしかないでしょう。

## 相続税の時効

相続税にも時効はあります。偽りや不正で納めていない場合は7年、相続税の納付義務を知らなかった場合は5年です。この場合の起算日（スタートする日）は「法定申告期限の翌日」となります。

ただし、時効を狙って納めずにいると追徴課税や刑事罰の対象になります。

相続税を時効で逃げ切るということは、ほぼ不可能だと考えておいてください。不動産の名義換えや預金の動きは税務署が把握しているので、相続税を無申告のままにすることはできません。

事前に相続税がいくらになるのか？　払える金額なのか？　を確認することはとても大切です。事前に分かれば、対策を立てることもできます。

なお、すでに相続税を申告済みで、納めた税額が多すぎた場合には、差額を返金してもらえます（この相続税の減額を求める手続きを「更正の請求」と言います）。更正の請求にも期限があり、法定申告期限の翌日から5年以内です。

# 5

# 母（専業主婦）の タンス預金、 なかったことにしてもいい?

**Q** 父が亡くなってしばらくして、専業主婦の母が隠していた「ヘソクリ」が何千万円も出てきました。これって、申告しないとダメですか?

**A** もちろんダメ。相続税の計算に含めます。

174

## タンス預金があるとき

まだお母さんが生きていて、お父さんの財産を相続したとき、専業主婦のお母さん名義の口座に何千万円もの現金がある場合は……、税務調査が入る可能性が高くなります。

夫婦のお金は「共同で作った財産」とよく言われます。お互いに扶養義務があるので、生活をする上ではそうですし、離婚する際も一緒に稼いだものとして、財産分与されます。でも、離婚をせずに最後まで連れ添った場合、お金が残っていると「もともと旦那さんのお金でしょ」とみなされてしまいます。

「お父さんのお金は私のお金」となりがちですが、「それはお金を管理しているだけでもらったわけではありません」と言われてしまうのです。

「私のものです」と言うためには、贈与されたことにせざるを得ません。でも贈与税を払っていない。税務署としては、「だからこれは旦那さんの財産ですね。相続税をかけますね」という理屈となります。

　配偶者はそもそも配偶者の税額軽減という税額控除があるので、相続する財産が1億6,000万円か法定相続分のいずれか多い方までは相続税はかかりません。
　このケースで一番損をするのは、配偶者以外の相続人（例えば子供）です。
　新たに発覚したタンス預金が相続財産に含まれることで、相続税全体が増えます。すると、配偶者であるお母さんの相続税も高くなるものの、配偶者の税額軽減という税額控除があるので0（ゼロ）円で変わりません。しかし、全体が増えたことで子供たちの相続税は割高になってしまうのです。

## 夫婦間でも贈与の証拠を残しておく

　「夫婦なら贈与契約はいらない」と思いがちですが、これはウソです。
　夫婦でも親子でも第三者でも、贈与契約書を作って、もらったことを立証しておけばこういったケースは防げます。
　贈与を受け取る方が契約書を面倒がるなら、贈与する側が作って「内容を確認して、サインしておいて」だけでいいのです。こういう時は、紙が一番効力を発揮します。

　家族間で水臭いじゃないかという感情論はあるかもしれませんが、どこに優先順位を置くかです。

「税務署のためにそんな面倒くさい」「たかが紙切れ1枚」と思うかもしれませんが、この紙切れさえあれば……という場面に私はよく遭遇します。それに、贈与契約書は、何も税務署のためだけではありません。他の相続人にも、お互いの意思で「あげた・もらった」ということをちゃんと立証でき、勝手にお金を抜いたんでしょ、というあらぬ疑いをかけられることもなくなります。

　あっ、作っていないのに後から契約書を偽造して、作ってあったことにするのは、もちろんダメ。私文書偽造にあたりますので。

# 100万円くらいなら、
# なかったことにしていい？

**Q** 　母が亡くなって、タンスを整理しようと思ったら、母が隠していた「ヘソクリ」100万円が出てきました。このままもらっちゃっていいですよね？

**A** 　100万円でも、なかったことにはなりません。

## 相続税がかからない場合

　専業主婦だったお母さんが亡くなって、タンスの引き出しを開けるとお金が出てきた……。そのお金をプラスしても、相続税がかからない人は、どうぞそのまま相続人で分けてください。

## 相続税がかかる場合

　相続税がかかる人は、財産がプラスになるわけですから、相続税の計算に加える必要があります。相続税の申告後に発見されたのであれば、遺産分割を再度行い、相続税の修正申告を行います。

# 遺言って、
# 隠しちゃダメ?

**Q** 亡父の家を一人で整理していたら、封をしていない自筆証書
遺言が見つかりました。私に不利な内容です。もしもこっそり
隠したら……、バレますか?

**A** それは絶対ダメ! 相続欠格になってしまいますよ!

## 相続欠格

遺言書を偽造したり隠したりしてはいけません。

遺言書の偽造や隠ぺいが発覚すると、相続欠格となります。相続
欠格とはつまり、相続人ではなくなってしまうということ。遺産を
受け取る資格がなくなってしまいます。

他に相続欠格になる例としては
・被相続人をだましたり脅したりして強制的に遺言書を書かせたり、
書かせようとした場合
・発見した遺言書を偽造したり、隠したり密かに破棄した場合
などがあります。

相続欠格になると相続人ではなくなりますが、相続欠格した人に
子供がいる場合、代襲相続は可能です。

## 偽造を防ぐには公正証書遺言の作成を

　遺言書の偽造を防ぐには、遺言書を公正証書遺言にしておくのがベストです。スムーズな相続のためにも、日頃から相続人とコミュニケーションをとって、遺言の内容を明らかにしておくことをおすすめします。

# スマートな
# 生前贈与のやり方を
# 教えてください

**Q** 相続税節税には生前に贈与するのが効果的だと聞きました。
上手な生前贈与のやり方を教えてください。

**A** 使い方を指定するなどして、お金を活かす工夫をしましょう。

## 平等に渡す

76ページでも書きましたが、贈与は平等でなければトラブルの
火種になります。「娘は家を建てるから住宅の贈与で1,500万円ま
で非課税だ。たくさん贈与してあげよう。息子はそういうタイミン
グではないから、贈与税非課税枠の110万円だけ贈与しておこう
……」。税金のことだけを考えていると、平気でこんな不平等をし
てしまいかねません。これを息子の立場になって考えてみると、自
分だけが軽んじられているようで、いい気分はしませんよね。

## 小出しにして感謝され続ける

これまで多くの実例を見てきましたが、小出しに渡すというのが
賢いやり方だと思います。

教育資金贈与で1,500万円をポンと出しても、たぶん感謝は贈与

した時の１回しかされません。それよりも、例えば「前期の授業料はこれで払いなさい」などと、その都度あげれば、贈与税がかからないうえ、何度も感謝してもらえます。

## 年長者が尊敬される生きたお金を使う

　私がおすすめしているのは、生きたお金の使い方です。

　漫然と「節税のためにお金をあげる」というのは、順番が違うと思うんです。「節税でもらえる、何に使ってもいい」だと、もらった方が何も考えなくなります。お金だけ渡されて何も考えないというのは、人間形成的にマイナス以外の何物でもないです。

　お金を単に渡すのではなく、そのお金を何に使ってもらうのかを考えてから渡す。これがとても大切です。

　もちろん、贈与なのでもらった側がどう使おうと自由です。あげたものを拘束するのでは、贈与にはなりません。

　ただ、どうしてそのお金を渡すのか、そのお金をどう使って欲しいのか、その思いを伝えることも同時に行うべきだと思います。

　だから、贈与する側も勉強してほしいのです。子供や孫たちにこのお金を使ってどうなってほしいのか、例えば、「国際感覚が豊かな人間になってほしいから、このお金を使って孫に海外留学して欲しい」「そのお金を活用して、自分で株式投資をやってみなさい」でもいいですよね。節税のためのお金で投資の勉強ができます。

　私は、生前贈与を「節税」だけで考えず、「節税はその後に付随してくるもの」と考えた方がいいと思います。結果的に節税になるけれども、それありきではなく、生きたお金の使い方のほうが優先すべきということです。

# 家族信託®って
# どんな制度?

**Q** 最近よく聞く「家族信託®」ですが、どういう仕組みでどんな利用法があるんですか?

**A** 多くの利用シーンがある仕組みですが、注意も必要です。

## 民事信託（家族信託®）の仕組み

信託契約を締結

委託者

受託者

信託財産の管理運用・処分権限を委託

親

子

管理運用による収益を給付・分配

受益者

※家族信託®は一般社団法人家族信託普及協会の登録商標です。

## 民事信託（家族信託®）とは

　信託というと信託銀行など、資産家が利用するというイメージがありますが、信託の意味は、文字通り信じて託す。自分の財産を信じられる人に託し、あらかじめ決めた目的に沿うよう、管理や運用をしてもらうことを言います。

　信託には委託者、受託者、受益者の3者が登場します。信託財産を委託者が受託者に託し、受益者が利益を受け取るしくみです。委託者と受益者は同一人物でもOKです（自益信託といいます、委託者と受益者が別人の場合は他益信託）。

　一般的に、信託は銀行が受託者となって報酬を受け取って行うものですが、民事信託は家族が無報酬で行うものです。そのため、家族信託®とも呼ばれています。

## 信託監督人

　受託者は任されているわけですから、財産を横領するなど、信頼を悪用しようと思えばできる立場です。そこで、ちゃんと見張る人をつけた方がいいという場合は、「信託監督人」が置かれることがあります。信託監督人には一定の費用がかかります。

## 認知症対策としての利用

　もしも自分が認知症になったら、財産の管理を子供に任せたいというのは自然な感情でしょう。

　民事信託を利用すると、財産の名義は父から子供に移り、子供は自由に売却や運用ができるようになります。成年後見制度では財産

の管理を任された成年後見人は売却や運用はできませんから、より柔軟な仕組みであるといえます。

　民事信託（家族信託®）は本人が認知症になってしまった場合の財産管理に有効な手段ですが、リアルな生活を考えると、いざ認知症になったら面倒を誰が看るのかということの方が問題です。財産管理だけにとらわれず、認知症になったらどうするか、いやその前に、認知症にならないためにはどうしたらいいか、を考える方が先ではないでしょうか。そのうえで、財産管理を考える、つまり優先順位の問題と考えます。

# 10

# いろいろ専門家は
# いるけれど、結局誰に
# 頼んだらいいの？

**Q** 相続の専門家ってたくさんいますよね。調べていくうちに、
結局、誰に頼んだらいいのか、わからなくなってきました……。

**A** 予備知識を身につけて、専門家をうまく利用しましょう。

## さまざまな専門家

　ネットなどで検索すると「相続のプロ」がたくさん出てきます。

　税理士、行政書士、司法書士、弁護士、それぞれ守備範囲やできることが違います。

・**税理士＝税金の専門家**

　⇒相続税の申告があるときは、税理士に依頼するのがおすすめ

・**行政書士＝書面作成の専門家**

　⇒複数の相続人がいて、遺産分割協議書を作るとき

・**司法書士＝不動産登記の専門家**

　⇒持ち家やアパートなど不動産の登記が絡んだ遺産分割協議書を
　　作るとき

・弁護士＝法律の専門家

⇒遺産分割協議がこじれて、法廷で争ってでも相続分を確保したいというとき

## 守備範囲の違い

ときどき「税理士の先生にすべてお任せしたい」と、遺産分割協議書の作成まで頼まれることがあるのですが、税理士が有償で遺産分割協議書だけを作ると弁護士法違反になってしまいます。

遺産分割協議書を有償で作っていいのは弁護士と行政書士だけ（ただし、行政書士が遺産分割の交渉や折衝はできません）。例外として、相続財産に不動産が含まれる場合は、司法書士が作成できます。

## 力量がわかる魔法の質問

こういった専門家の中でも、誰が有能かはネットだけでは正直わかりにくいものです。

メリットだけでなくデメリットも伝えてくれるかどうか、こちらの質問に答えてくれるかどうかなど、実際会ってみなければわからない部分もあります。実際に面談したときに、以下のような質問をしてみてください。

「相続の手続きは年間何件、何人でやっていますか？」
「相続の手続きは仕事全体のどのくらいを占めますか？」

病気になって手術するとき、その手術の症例が何件くらいあるかを病院選びの基準にしますよね。それと同じで、相続も経験値が肝

心です。

　税理士・行政書士・司法書士・弁護士はそれぞれ得意としている
分野があるので、仕事内容の比率や経験実績、他業種の専門家と連
携しているか否かも聞いてみるといいでしょう。
　また、その業務に携わっている従業員の人数も確認してみてくだ
さい。例えば、年間100件、相続税の申告を行っている税理士事
務所が2つあったとします。A先生のところでは50人で申告をし
ており、B先生は10人で申告をしている。この場合、一人あたり
の件数はA先生では2件に対し、B先生は10件。同じ100件でも
作業者あたりの経験値からするとB先生のほうが豊富という印象を
受けます。

　ちなみに私の事務所は、仕事の8割以上が相続に関するご依頼で
す。多くの税理士事務所は、法人に関する仕事の割合のほうが高い
ので、そういった割合も一つの目安にはなるでしょう。

　もちろん、経験や実績は専門家を選ぶ一つの指標にはなるのです
が、一番大事なのは、やはり会って話をした印象です。この人にな
ら、家の事情や、お金のことなどプライバシーに関する内容を打ち
明けてもいい、と思える相手に依頼するのが一番いいと思います。

## 専門家に相談する前に

　専門家に相談する前に、まずは書籍やネットで基礎的な知識を学
んでおくことをおすすめします。
　何も知らない状態で行くと、専門家の説明を理解するのに時間が
かかります。時間を無駄にしないためにも、事前の勉強は必要です。

## 民法改正で
## そんなに変わったの？

**Q** 最近、相続関係の法律が大きく変わったと聞きますが、何が
どう変わったのですか？

**A** 大きく変わったポイントは4つあります。

### 相続関係の民法改正

　2019年は民法が大きく改正され、相続法も約40年ぶりに改正さ
れました。大きなトピックとしては次の4つがあります。
- ●預貯金の仮払い制度ができた
- ●特別寄与分の請求ができるようになった
- ●配偶者居住権ができた
- ●自筆証書遺言が書きやすくなった

### 預貯金の仮払い制度

　名義人が亡くなると預貯金の口座は凍結されますが、葬儀費用や
さまざまな支払いでお金が必要になるシーンが多くあります。そこ
で家族が支払いに困らないように、遺産分割協議前でも、故人の預
貯金を仮払いとして払い出せるようにしよう、とした制度です。

仮払いできる金額は1銀行あたり「預金残高×1/3×法定相続分（最大150万円まで）」が上限です。

　遺言があれば、その通り分けてすぐに引き出せますが、この制度は「遺言がなかったらこうしてください、使いやすくなりましたよ」というものです。本当はそれよりも、生前に「遺言を書きましょう」と言うほうがいいのではないかと個人的には思っています。

## 特別寄与分の請求が可能に

　相続人以外の親族が介護などをしたとき、それに見合うだけの相続財産を受け取る権利をあげる、という制度です。
　以前は同居している長男のお嫁さんがお父さんの介護をしたとしても、相続人ではないので、もらう権利（寄与分）はありませんでした。それはあまりにもかわいそうという話で、「特別」寄与分が請求できることになりました。

　一見いい制度のように思えます。でも……、例えばあなたがお嫁さんの立場で、夫のきょうだいに「わたしの分も！」と特別寄与分の権利を主張できるでしょうか。現実問題として、なかなか難しいのではないかと思います。親族にケンカを売るようなものですから、これはできれば使わない方がいいのでは……、と個人的には思っています。
　遺言に書いてあればお嫁さんに遺すことができますが、そんな内容の遺言はモメる火種となる可能性もあります。確実にお嫁さんに感謝の気持ちを示したいなら、生前に贈与するのがいいでしょう。

## 配偶者居住権ができた

　以前は夫名義の家に住んでいる妻が、夫が亡くなったあとに遺産分割協議で家を取得すると、その他の財産（例えば預金）の取り分が少なくなる、という恐れがありました。そこで「お母さんが死ぬまで住める権利を認めてあげましょう」という配偶者居住権を認めて、預金などの財産の取り分を多くすることを考えて創設されました。

　この制度も、一見いい制度のようなのですが……。
　そもそも、親子の仲がよければ「配偶者居住権」など使う必要がないでしょう。当然のこととして、お母さんが家も預金も相続する流れになり、その生活が脅かされることはありません。
　「配偶者居住権」を使うのは、親子の仲が悪い場合が想定されます。あなたがもしお母さんの立場だったら、この権利があると安心なのですが、あなたがもし、子供の立場だったらどうでしょう。
　家の所有権は取得できても、母とは仲が悪いので同居することはないでしょう。所有権は持っているのに、自由に使えない家。かと言って、母を追い出すことは人道的に気が引ける。そこに、所有すれば固定資産税も課せられるので、子供側からしたら母が生きている間は相続したくない財産なのです。

　どちら側から見るかで、制度も一長一短。もしかしたら、この制度があるがゆえに、今後、遺産分割がもっとモメることになるかもしれません。
　モメそうな場合は、遺言で対策をしたり、生前贈与を検討したりして、モメないように準備しておくことが大切だと感じます。

## 自筆証書遺言が書きやすくなった

　69ページにも書きましたが、自筆証書遺言の財産目録をパソコンで作ることができるようになりました。

　また2020年7月10日から法務局での保管制度も開始されます。

## Chapter**4** まとめ

　この章では「相続の素朴なギモン」のあれこれについてお答えしてきました。特に相続で家族がモメないためにはどうしたらいいか、という観点を大切にしながらお伝えしたつもりです。

　相続で扱うのはお金ですが、大切にしたいのは、亡くなる方の思いと、残される家族の気持ち、つまり感情です（金勘定ではなく）。

　人は感情で動く生物です。相続について真剣に考える年代になったら、自分自身と家族の感情について、じっくり向き合ってみる時間をとってみてはいかがでしょうか。

# 税理士の僕がやろうと思っている相続の形

## 私が考えている
## 自分自身の相続の形

　これまで相続についてさまざまなケースを見てきました。

　「じゃあそういうお前はどうなんだ？」と言う声が聞こえてきそうなので、最終章では、私自身がすでにやっている、あるいは将来やろうと思っている相続の形についてお伝えしましょう。参考になれば幸いです。

## 私の相続人

　まずは私がもし死んでしまったときの相続人がどうなっているかを整理します。

　私はバツ1で、元妻との間には子供が2人います。

　私の相続人は、前妻との間の子供2人。法定相続分は1/2ずつです。

　子供2人だけなので、分け方はシンプルですが、子供達がそれぞれ納得できるように、遺言は書こうと思っています。

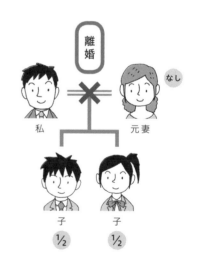

## 保険を使って子供達にお金を渡す

　現在、子供達には毎月5万円を振り込んで贈与しています。5万×12ヵ月で60万円、非課税の範囲内です。

　ただお金を渡すのではなく、そこから毎月、生命保険料が引き落とされています。保険の契約者は子供、被保険者が私、保険金の受取人は子供という保険（満期のない終身保険）です。つまり、子供が私の体にかけている保険を子供が払っているという形です。

　もし私の通帳から5万円ずつ保険料が引き落とされていると、私が払っているということになります。そうすると相続税の対象になりますが、贈与したお金を使って子供達が払っているので相続税とは切り離されます。

　元妻とは直接やりとりはしませんが、この保険のことは知らせてあります。

　保険の契約者は子供、保険金の受取人も子供なので、子供の意思でいつでも解約ができます（未成年者の間は、元妻が解約します）。解約したときは、所得税の一時所得となり、儲けがあれば（儲け−50万円）×1/2が所得税の対象となります。

　子供達が二十歳になるまではかけ続けて、この保険を解約したお金で大学に行って欲しいと考えています。

## もし再婚したら

　もし私が再婚したら、また状況が変わってきます。

　法定相続人は妻と、元妻との間の子供2人の計3人になります。

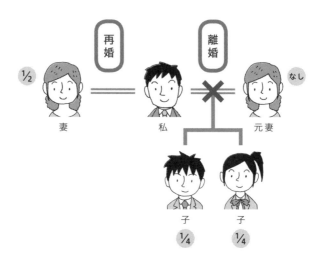

　元妻との間の子供2人と再婚した妻、どちらに対しても、何か遺してあげたいという思いがあります。しかも、妻vs子供2人でモメさせたくないと思うのは当然です。

　そしてもし将来、再婚した妻との間に新しく子供2人ができたとすると……、

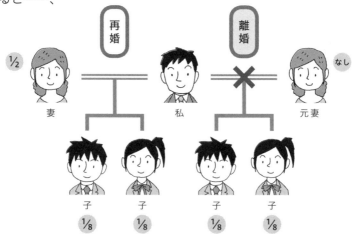

私にとっては、すべて大切な家族に変わりはないのですが、妻や子供達（元妻との間の子供2人、新しい妻との間の子供2人）から見た場合、同じ感情ではないと思います。

　モメないにしても、お互いが連絡を取り合い、全員で遺産分割協議書に押印をしないといけない状況になり、気分がいいものではないでしょう。お互いが会わなくてすむように、この状況になったら絶対に遺言を書かなければと思っています。

## 人はいきなり亡くなるものだから

　あるお客様の公正証書遺言をお手伝いしていたときのこと。

　公証人からの原案を確認し、いよいよさぁ明日、公証人役場に行ってハンコを押そう！　という日に、その方はいきなり体調を崩して亡くなってしまいました。前日まであんなに元気だったのに……。

　苦労して書いた遺言書は、まだハンコを押してなかったので、無効。ただの紙きれになってしまいました。

　多くの方はなぜか、自分はすぐに死なないと思って生きています。

　しかし、誰もが突然亡くなる可能性があるのです。そのお客様や、私の父親のように。私だって、この本を読んでいるあなただって、可能性はゼロではありません。

　だから、普段から備えておかなければいけません。

　自筆で遺言を書いた上で（つまり、自筆証書遺言を先に書いた上で）、同じ内容の公正証書遺言も作っておく、そのくらいの準備が必要です。

　この本を読んでいただいて、遺言の重要性はもうご理解いただけたのではと思います。

　さぁ、できるだけすみやかに、遺言書を書きましょう。

## 相続税は、払えばいい

　将来、私が60代以上のシニア世代になったときには、「もうちょっと子供達に渡したい」と思うかも知れませんが……、相続税対策でガンガン贈与をするという気持ちはありません。

　子供達が私からの贈与をあてにして生活力を失ったり、いつまでもしがみつかれては困ります。独立した、立派な大人になってほしいと願っています。

　ではどのように相続税対策をするかというと……、「相続税、払えばいいじゃないか」と思っています。つまり、払えるだけのお金が残っていればいいと思うのです。


　巷の税理士は、二言目には「節税」を叫びます。税理士というのはそういうものだと思われているでしょうが、私は「相続税を払うのがもったいない」とは思っていません。相続税がかかるなら、払えばいいと本気で思っています。

　多額の相続税がかかるということは、それだけ自分で財産を作った、残したということです。そう考えると誇らしいと思いませんか。

　子供にアテにされて自由にお金を使えないなんて面白くないですが、自分のお金で豊かな老後を暮らして、残ったら子供に渡せばいいと思っています。その際にも、残ったお金は「自分たちの子供の教育資金に使ってほしい」など、使い方も決めてしまいたいです。


　相続税は、相続財産を分け、もらった財産から払う税金です。

　どう分けるかをきっちりして、モメないように配慮することが最優先です。

　その上で、払えるように準備をしておく。

　大切なことはそれだけではないでしょうか。

もちろん、税理士という仕事をしていますので、お客様には多くの節税提案をすることもありますが、何よりも争わないことが大事。節税して争うぐらいなら、相続税は払えばいい。
　こんな税理士がいてもいい世の中になって欲しいと思っています。

# おわりに

当たり前のことですが、この世に1人として同じ人間はいません。

性別や年代、家族構成といった目に見えるものも違いますし、これまで歩んできた人生の歴史、愛した人、大切にしている価値観など目に見えない思いもひとりひとり違います。

それなのに、こと「相続」となると、多くの人が目に見えない思いを置き去りにしてしまいがちです。

「普通はこうするものだから」

「昔からのしきたりで」

「相続税対策のため」

そんなふうに、本に書いてあったり、周囲の誰かが教えてくれたりする「相続」と同じような相続をしようと、良く言えば素直に、悪く言えば深く考えずに、従っています。

しかし、法的に正しくても、専門家のアドバイスでも、昔からのやり方でも、それが万人にピッタリくるわけではありません。

ただ従うだけでは、「その相続は自分には合わない」と不満に思う人が出てしまうのは、無理のないことかもしれません。

相続人のうちの1人でも、「納得できない」と思ってしまったら、相続は難航してしまいます。

そうならないためにはどうしたらいいのでしょうか。

カギは「納得感」だと私は思っています。

　相続させる側も、相続する側も、ひとりひとりが全く別の、かけがえのない存在です。

　それを踏まえて、お互いが「納得感」が得られるような相続はどんな形なのか、話し合いをかさね、ひとりひとり全く違う相続の形を作りあげていくことではないでしょうか。

「普通はこうだけど、ウチの場合はこうしよう」

「昔からのしきたりとは違うけれど、こう分けよう」

「節税よりも大切なことがあるよね」

　被相続人と相続人、一族がワイワイ集まって、そんな会話ができたら、素晴らしいと思っています。

　末筆になりますが、この本を執筆するにあたり、曽田照子氏および出雲安見子氏、ならびに弊社 名古屋事務所代表税理士 前田智子には多大な協力を頂き、この場を借りて深く感謝申し上げます。

　相続に絶対の正解はありません。

　ひとりひとり、相続の形が違うからです。

　けれど、誰もが「良かった」と思える相続は、共通して関係者全員が「納得感」をもって相続を終えています。

　あなたの相続では、どうしたら関係者全員が納得感を得られるでしょうか。

　この本が、それを考えるひとつの足がかりになれば幸甚です。

# 贈与契約書

贈与者　　　　　　　　　(甲)と受贈者　　　　　　　　(乙)との間で、
下記の通り、贈与契約を締結した。


第1条　甲は、その所有する下記の財産を乙に贈与し、乙はこれを受贈した。


　　　1．現金　　　　　　　　円

第2条　甲は、当該財産を　　　　　年　　　月　　　日　までに乙に
　　　　引き渡すこととする。

上記契約の証として本書を作成し、甲、乙各1通保有する。


　　　　　　　　　　　　　　　　　　　年　　　月　　　日



　　　　　　　　甲(住所)


　　　　　　　　　(氏名)




　　　　　　　　乙(住所)


　　　　　　　　　(氏名)

# 【留意事項】

1. 本契約書は、あくまでも現金の贈与をする場合のひな形の一例です。
   財産の種類に応じて異なりますので、ご留意ください。

2. 本契約書のご使用に際しては、一切責任を負いかねます。ご了承ください。

3. 本契約書を作成したからといって、確実に贈与が成立するわけではありません。
   贈与に際しては、以下の「贈与実行にあたってのチェックポイント」をよくお読
   みになった上、各自の責任にてご実行ください。

## ！ 贈与事項にあたってのチェックポイント

### ☐ 贈与を受ける人が、贈与を受けたことを認識している。

- ☐ 贈与を受ける人が年少で、贈与を受けたことを認識できない場合
  は、父母が確認し、備忘記録を残している（通帳にメモを残して
  いるなど）

### ☐ 贈与契約書を作成した。

- ☐ 贈与契約書に、贈与する人・贈与を受ける人それぞれが署名・捺
  印した。
- ☐ 各自の印鑑を使用して、贈与契約書に捺印した。
- ☐ 贈与を受ける人が未成年者の場合は、両親が署名・捺印している。
  （父親が贈与する人の場合は、父親・母親が署名・捺印）

### ☐ 基礎控除を越える贈与をした場合、贈与税の申告をして、贈与の事実を証明できるようにした。

- ☐ 贈与を受けた年の翌年2月1日から3月15日までに贈与税の申告
  書を提出した。
- ☐ 贈与税の申告書の控え・領収証を保管した。

### ☐ 贈与を受ける人は、自分名義の銀行口座を開設している。

- ☐ 金銭の受贈や贈与税の納付についてはその自分名義の銀行口座を
  利用している。
- ☐ 銀行口座の通帳や印鑑は贈与を受ける人が管理している。
  （贈与した現金が、贈与する人の管理下におかれていない）

## 贈与の事実を明確にしておくことが大切です。
## 贈与の際に必ずご確認ください。最も大事なのは、
## そのお金を何に使ってほしいかを伝えることです。

P202〜207のフォーマットは、見開きごとに拡大コピーすると書き込みやすいです。（目安141%）

# 財産目録

対象者氏名
記入日　　年　　月　　日

（単位：円）

## 1. 預貯金

| | 金融機関 | 支店名 | 種別 | 口座番号 | 日付 | 金額 | 備考 |
|---|---|---|---|---|---|---|---|
| 例 | ○○銀行 | ○○支店 | 普通 | 1234 | ○年○月○日時点 | 1,234,567 | 水道・ガス・電気引落口座 |
| 1 | | | | | | | |
| 2 | | | | | | | |
| 3 | | | | | | | |
| 4 | | | | | | | |
| 5 | | | | | | | |

1. 預貯金　合計　[　　　]

対象者氏名
記入日　　年　　月　　日

（単位：円）

## 2. 不動産

| | 種類 土地 | 種類 建物 | 利用状況 | 持分 | 所在地 | 面積 m² | 登記有無 | （　）年 固定資産税評価額 | 備考 |
|---|---|---|---|---|---|---|---|---|---|
| 例 | ✓ | | 自宅 | 1 | 東京都○○市・・・××番地 | 85.20 | 有 | 12,345,678 | |
| | | ✓ | | 1/2 | | 56.00 | 有 | 6,789,102 | 配偶者○○と共有 |
| | ✓ | | 貸地 | 1 | 大阪府○○市・・・△△番地 | 250.00 | 有 | 30,567,890 | ○○会社に駐車場用地として貸付 |
| | | ✓ | 貸家 | 1 | 愛知県○○市・・・□□番地 | 50.20 | 無 | 805,678 | ○○さんに月2万円で貸付 |
| 1 | | | | | | | | | |
| 2 | | | | | | | | | |
| 3 | | | | | | | | | |
| 4 | | | | | | | | | |
| 5 | | | | | | | | | |

2. 不動産　合計　[　　　]

# 財産目録

## 3. 有価証券

対象者氏名 _____

記入日 ____年 ____月 ____日

(単位:円)

| | 証券会社 | 支店名 | 口座番号 | 銘柄等 | 数量 | 金額 | 備考 |
|---|---|---|---|---|---|---|---|
| 例 | ○○証券 | ○○支店 | 2586 | ○○株式 | 100株 | 5,678,000 | 取引残高報告書 (○年○月時点) |
| 1 | | | | | | | |
| 2 | | | | | | | |
| 3 | | | | | | | |
| 4 | | | | | | | |
| 5 | | | | | | | |

3. 有価証券 合計 ☐

## 4. その他の財産

対象者氏名 _____

記入日 ____年 ____月 ____日

(単位:円)

| | 名称 | 内容 | 保管場所 | 金額 | 備考 |
|---|---|---|---|---|---|
| 例 | 金 | 純金バー 100 g | 自宅仏壇 | 600,000 | ○年○月 50万円で購入 |
| | 車 | 軽自動車 (車種) | 自宅車庫 | 900,000 | ○年○月 120万円で購入 (査定金額) |
| | 貸付金 | ○○さん | 書斎引出 | 1,000,000 | ○年○月 200万円貸付、契約書あり |
| 1 | | | | | |
| 2 | | | | | |
| 3 | | | | | |
| 4 | | | | | |
| 5 | | | | | |

4. その他の財産 合計 ☐

# 財産目録

対象者氏名 ＿＿＿＿＿＿＿＿＿＿

記入日　　　年　　　月　　　日

（単位：円）

## 5-1. 生命保険（共済契約含む）

| | 保険会社 | 契約者<br>保険料負担者 | 被保険者 | 死亡保険金<br>受取人 | 証券番号 | 死亡保険金額 | 備考 |
|---|---|---|---|---|---|---|---|
| 例 | 終身保険 | 本人 | 本人 | 長男 | 123456 | 10,000,000 | 代理店連絡先：03-×× |
| 1 | | | | | | | |
| 2 | | | | | | | |
| 3 | | | | | | | |
| 4 | | | | | | | |
| 5 | | | | | | | |

5-1. 死亡保険金　合計（A）　[　　　　]

非課税枠（500万円×法定相続人の数）　△ [　　　　]

相続税評価額

## 5-2. 生命保険契約に関する権利（共済契約含む）

（単位：円）

| | 保険会社 | 契約者<br>保険料負担者 | 被保険者 | 死亡保険金<br>受取人 | 証券番号 | 解約返戻金<br>相当額（※） | 備考 |
|---|---|---|---|---|---|---|---|
| 例 | 終身保険 | 本人 | 本人 | 長男 | 789012 | 5,000,000 | 代理店連絡先：03-×× |
| 1 | | | | | | | |
| 2 | | | | | | | |
| 3 | | | | | | | |
| 4 | | | | | | | |
| 5 | | | | | | | |

5-2. 生命保険契約に関する権利　合計（B）　[　　　　]

（※）保険会社に問い合わせて確認

# 財産目録

## 6. マイナスの財産（借入金・ローン・キャッシングなど）

（単位：円）

| | 借入先 | 借入日 | 当初借入額 | 借入残高 | 担保有無 | 目的 | 備考 |
|---|---|---|---|---|---|---|---|
| 例 | ○○銀行・○○支店 | ○○年○○月 | 100,000,000 | 80,000,000 | 有 | アパートローン | アパート敷地と建物が担保 |
| 1 | | | | | | | |
| 2 | | | | | | | |
| 3 | | | | | | | |
| 4 | | | | | | | |
| 5 | | | | | | | |

6. マイナスの財産　合計 [　　　　]

## 7. その他（マイナスの財産に関すること）　→ 以下の内容は相続人には伝えるべきできなので、記載しておいてください。

（単位：円）

| | 主債務者（自分が保証した人） | 主債務者の連絡先 | 債権者（主債務者にお金を貸した人） | 債権者の連絡先 | 保証した金額 | 備考 |
|---|---|---|---|---|---|---|
| 例 | ○○さん | 大阪府・・・06-×× | ○○銀行 ○○支店 | 大阪府・・・06-×× | 50,000,000 | ○年○月　保証 |
| 1 | | | | | | |
| 2 | | | | | | |

**著者紹介**

**木下 勇人** (きのした・はやと)

相続・事業承継専門『税理士法人レディング』代表。税理士（東京税理士会　京橋支部所属）。公認会計士。宅地建物取引士。不動産鑑定士第2次試験合格者。ＡＦＰ資格認定。

1975年、愛知県津島市出身。大学時代に宅建、不動産鑑定士を取得。28歳で公認会計士試験に合格し、「監査法人トーマツ」名古屋事務所に入所。上場企業級の非上場会社オーナーファミリーの事業継承対策に従事。約5年勤務の後、33歳で独立し、名古屋で公認会計士木下事務所・木下勇人税理士事務所を開設。翌2009年に、相続・事業承継専門の税理士法人レディングの代表となる。2017年、東京にも事務所を開設。現在、全国の税理士向け、保険募集人向け、不動産事業者向けなど、相続を取り巻くプロ相手に年間150回の研修講師をしながら、相続に関する情報を発信している。

**税理士法人レディング**

・東京オフィス
　〒104-0032　東京都中央区八丁堀4-1-3　宝町TATSUMIビル4階
　TEL：03-6228-3785　FAX：03-5539-3751

・名古屋オフィス
　〒460-0008　名古屋市中区栄5-27-12　富士火災名古屋ビル6階
　TEL：052-253-9457　FAX：052-253-9458

**取材・構成**／曽田照子　**編集協力**／出雲安見子
**出版プロデュース**／天才工場 吉田 浩　**本文デザイン・DTP**／内藤富美子
**イラスト**／堀江篤志

「知らなかった」では済まされない
ホントは怖い 相続の話

2020年1月27日　　初版発行

著　者　　木　下　勇　人
発行者　　常　塚　嘉　明
発行所　　株式会社 ぱる出版

〒160-0011　東京都新宿区若葉1-9-16
03(3353)2835 ─ 代表　03(3353)2826 ─ FAX
03(3353)3679 ─ 編集
振替　東京00100-3-131586
印刷・製本　中央精版印刷(株)

Printed in Japan

ISBN978-4-8272-1198-6 C0034